中国旅游集团化发展报告2023

——繁荣与重构

ANNUAL REPORT OF CHINA TOURISM GROUPS DEVELOPMENT2023

中国旅游研究院　编著

中国旅游出版社

责任编辑：王欣艳　张雯影
责任印制：冯冬青
封面设计：中文天地

图书在版编目（CIP）数据

中国旅游集团化发展报告 . 2023：繁荣与重构 / 中
国旅游研究院编著 . -- 北京：中国旅游出版社，2024.
10. -- ISBN 978-7-5032-7449-7

Ⅰ . F592.61

中国国家版本馆 CIP 数据核字第 2024F1V857 号

书　　名：中国旅游集团化发展报告2023——繁荣与重构

作　　者：中国旅游研究院
出版发行：中国旅游出版社
　　　　　（北京静安东里6号　邮编：100028）
　　　　　https://www.cttp.net.cn　E-mail:cttp@mct.gov.cn
　　　　　营销中心电话：010-57377103，010-57377106
　　　　　读者服务部电话：010-57377107
排　　版：北京旅教文化传播有限公司
经　　销：全国各地新华书店
印　　刷：三河市灵山芝兰印刷有限公司
版　　次：2024年10月第1版　2024年10月第1次印刷
开　　本：787毫米×1092毫米　1/16
印　　张：13
字　　数：160千
定　　价：66.00元
ＩＳＢＮ　　978-7-5032-7449-7

前 言

PREFACE

经批准，2023 中国旅游集团化发展论坛于 2023 年 12 月 11—12 日在上海召开。本届论坛主题为"繁荣与重构"，由中国旅游研究院和中国旅游协会主办，祥源集团承办。文化和旅游部领导，中央和地方旅游集团、旅游企业、文化和旅游系统代表参加了本届论坛。

12 日上午的议程由中国旅游研究院院长戴斌主持。

开幕式环节，中国旅游协会会长段强、上海市副市长刘多分别做了开幕致辞，文化和旅游部党组成员、副部长杜江发表主题讲话。

段强会长表示，旅游集团化论坛发展到了第 15 届，分别探讨了旅游发展过程中的一些重大问题和方向性话题，大家共享共鸣，激励大家不断奋进。本届论坛主题是"繁荣与重构"，疫后整个行业在重构、重塑，旅游行业的快速复苏不仅得益于压抑的需求得到释放，旅游供给侧改革提供了契合需求的产品，更源自于政府对行业政策的推动。我们需要审视当前、展望未来，进一步做好战略布局。

刘多副市长提出，上海这座被誉为东方明珠的现代都市有着独特的城市风光和文化底蕴，一直是海内外投资者和游客喜爱的热门目的地，也是国内头部旅游集团数量最多的城市。上海将持续强化全域旅游功能，全景展示城市形象，全面赋能城市美好生活，深度服务城市合作交流，积极搭建国际旅游合作平台，让旅游成为吸引人们感知上海服务、上海制造、上海购物的流量入口，使文旅消费成为上海都市新消费的"核爆点"。

杜江副部长指出，可以预见即将到来的 2024 年将是充满挑战和机遇的一年，当前旅游业正向着经济中心舞台不断迈进。面对不断变革的旅游产业格局，越来越多的市场主体开始适应旅游需求的多样化与个性化，组织变革、产品创新、数字转型、产业升级日趋活跃，一个加速重构的旅游业发展新格局正变得越来越清晰。这就要求我们立足新发展阶段，贯彻新发展理念，构建新发展格局，推动高质量发展。处理好守正与创新，发展与安全的关系，推动实现质的有效提升和量的合理增长。使旅游业发展深度融入中国式现代化建设大局，更好发挥新发展格局下旅游业的战略支撑作用，更好发挥高质量发展阶段旅游业的综合带动效应，以市场统筹助力高质量发展，以技术应用促进高质量发展，以文旅融合推动高质量发展，以安全理念保障高质量发展。同时，杜江副部长提出新时代的企业承担着更加艰巨和光荣的历史使命，希望大家以此次论坛为契机，围绕新的起点上旅游业的繁荣与重构发表真知灼见，为新时代旅游业高质量发展贡献智慧和力量。

戴斌院长代表中国旅游研究院课题组发布"2023中国旅游集团20强"入围名单。大会为20强集团颁发证书并进行合影。

在主题演讲环节，中国旅游集团总经理王海民、华侨城集团董事长张振高、首旅集团董事长白凡、携程集团CEO孙洁、祥源控股集团董事长俞发祥、岭南集团董事长梁凌峰、湖北文旅集团董事长陈忠、上海锦江国际旅游股份有限公司首席执行官郑蓓分别发表了主题演讲。

戴斌院长主持了以"商业思想与市场力量"为主题的集团领导人对话会。

开元旅业集团创始人陈妙林、中国长江航运集团有限公司总经理丁磊、海昌集团董事局主席王旭光、华住集团首席执行官金辉、复星旅游文化集团执行总裁张建斌、景域集团董事长洪清华、阿里巴巴集团飞猪旅行副总裁全腾、春秋集团总裁王炜参与了主题对话，并进行了精彩的分享。

12日下午，中国旅游研究院副院长李仲广主持了以"繁荣时代的商业创新"为主题的第一场旅游集团高端对话会。

陕西旅游集团董事长周冰，山西文旅集团董事长丁永平，贵州旅投集团董事长徐昊，安徽旅游集团总经理邱军，河北旅投集团副董事长、总经理曹峥，亚朵集团创始人CEO王海军，宜昌交旅集团副总经理宋鹏程，杭州商旅集团战略规划部部长陈建文参与了对话环节。

第二场旅游集团高端对话会的主题为"理性视角的旅游投资"。中国旅游研究院副院长唐晓云与山东文旅集团党委书记董事长丁艺，湖南旅游集团党委书记、董事长杨宏伟，新疆文化旅游投资集团党委书记、董事长王宏江，中青旅党委副书记、总裁王思联，黄山旅游集团副总裁江存文，浙江省旅游投资集团党委委员、副总经理张雄文，绿地酒店旅游集团总经理李瑞忠，宁波文旅集团永麒科技集团董事长徐建平，泰州市文旅集团党委委员、副总经理曹福荣等企业家进行了讨论。

戴斌院长以"市场繁荣与产业重构"为题发表了 2023 中国旅游集团化发展论坛闭幕主题演讲。

论坛还进行了系列研究成果的发布和研讨。

11 日上午，中国旅游研究院产业所副研究员战冬梅博士发布了"2023 中国旅游创业创新范例 60 佳"；中国旅游研究院数据分析所所长何琼峰博士、韩晋芳博士、金萌萌博士后主持并发布了《旅游集团投资合作调查报告》暨"旅游集团优选投资城市 Top10"和《旅游城市招商引资调查报告》暨"旅游城市优选合作企业 Top10"。

11 日下午，戴斌院长主持了两场圆桌对话。

在圆桌对话"城市旅游战略对话会——市场主体培育与集团化成长"环节中，戴斌院长与天津市蓟州区政协主席秦川、重庆市巫山县委书记曹邦兴、雅安市委常委宣传部部长聂颖、东台市委书记商建明、黄山市人民政府副市长刘力、韶关市人民政府副市长蒋文泓、安阳市人民政府副市长王红兵、阜阳市人民政府副市长杨善竑、秦皇岛市人民政府副市长郭建平、深圳市福田区人民政府副区长王立萍等 10 位地方政府领导同志展开对话。

第二场圆桌对话的主题是旅游集团创新对话会——生活重启·旅游新生。戴斌院长与四川旅投集团党委书记、董事长游勇，南京旅游集团党委书记、董事长葛飞，江苏省文投集团党委书记、董事长王洪俊，首旅如家酒店集团总经理孙坚，去哪儿网党委书记、副总裁任芬，途家及斯维登集团联合创始人罗军，东呈酒店集团联合创始人吴伟，建业集团副总裁姚培，泡泡玛特城市乐园总经理胡健等企业家进行了对话。

在专题发布环节，祥源控股集团文旅产业研究院院长余新海发布了《祥源控股集团文旅发展报告（2023）》；中国旅游研究院和上海市文化和旅游局签署了战略合作协议；中国旅游研究院产业所所长杨宏浩发布了《中国旅游集团化发展报告（2023）》。

目 录
CONTENTS

市场繁荣与产业重构

——2023 中国旅游集团化发展论坛闭幕演讲

中国旅游研究院院长　戴　斌

2009 年，国务院发文明确了新时代旅游业的战略定位和发展目标，即"国民经济的战略性支柱产业和人民群众更加满意的现代服务业"。经原国家旅游局批准，中国旅游研究院联合中国旅游协会在深圳召开了面向头部企业的中国旅游发展论坛，并首次发布了"中国旅游集团 20 强"名单。自此，旅游业有了自己的国家队！十四年来，无论是中央企业、地方国企，还是民营企业，以"20强"为代表的国家旅业第一方阵，贯彻落实习近平总书记关于旅游的重要论述和指示精神，不断加大投资力度，培育创新动能，提升市场竞争力和社会影响力，为推进文化和旅游深度融合，为推动旅游业高质量发展做出了无愧于国家、无愧于人民、更无愧于时代的历史贡献。过去三年，旅游业经历了最深度的萧条和最艰难的挑战，但是广大业者始终保持信心、踔厉奋发，在困难中探寻出路，在危机中寻找生机，不断创造出一个又一个旅游业的小阳春，有力提振了人们战胜新冠肺炎疫情的信心。历史已经证明，并将继续证明：中国旅游集团20 强为代表的市场主体永远都是政治上可以信任、发展上可以依靠、情感上可以亲近的商业力量。

在文化和旅游部的坚强领导下，在业界同仁的共同努力下，2023 中国旅游集团化发展论坛即将胜利闭幕。我谨代表论坛主办方和全体参会代表，向俞发祥董事长和祥源集团的朋友们，向祥源希尔顿酒店的专业团队表示衷心的感谢！

下面，我就当前旅游经济形势和旅游集团发展战略谈几点意见，与业界同仁共商共勉。

一、坚定信心，迎接旅游经济繁荣发展的新阶段

旅游经济已经走出了为期三年的急剧衰退和深度萧条期，走过了历时一年的快速复苏，即将迎来繁荣发展的新阶段。2023 年年初，随着旅游接触型消费限制政策的放开和一系列促消费政策的落地见效，旅游经济走出"高开高走，加速回暖；动能积聚，供给创新"的复苏快节奏。越来越多的城乡居民走出家门，以泛在化旅游方式追求日常生活的美好。劳动节、暑期和中秋节、国庆节假日国内旅游出游人数、旅游收入、游客平均出游距离、平均停留时长等主要观测指标均已全面超过 2019 年同期水平。数据表明旅游经济已经度过本轮非常规周期的急剧衰退和深度萧条阶段，经过为期一年的快速复苏，即将迎来繁荣发展的新阶段。从 2024 年开始，我们发布旅游市场数据和主要经济指标，将只做与今天的同比，"恢复到 2019 年的某某水平"将成为历史名词。历史一再证明，并将继续证明：没有任何力量可以阻挡人民对美好旅游生活的向往，过去三年没有，将来也不会有。

旅游已经不可逆转地进入了城乡居民的日常生活，并成为全面建成小康社会以后人民群众的刚性需求。过去三年，人们愿意欣赏身边的美丽风景，更愿意体验日常的美好生活。具体表现为城市漫游（Citywalk）、自驾露营、近郊休闲和乡村度假，从而有效增加了出游频率。值得关注的是，过去出行的主力是北上广深等一线城市和强二线城市居民，现在越来越多的低线城市和乡村居民加入了旅游活动，成为旅游消费新动力。对节假日旅游市场连续监测的数据表明，国民出游频次在升高，市场在下沉。旅游消费加速进入人民群众日常生活的同时，游客也在加速进入城乡居民的日常生活场景。2019 年，我在澳门的世界旅游经济论坛首次提出"从戏剧场到菜市场，重新发现生活的美好"。今天，无论是传统的城市旅游目的地，还是反向、平替、小众的旅游目的地，越来越多的游客会到访博物馆、美术馆和戏剧场，更多的年轻客群开始用自己的方式拥抱菜市场，小红书的"菜市场漫游指南"、豆瓣"菜市场爱好者"已经成为新的互联网流量入口。锦州石桥子早市因为"亚洲最大的早市"而出圈，"杭州是美食荒漠"的论调则为地道小吃云集的大马弄早市所推翻，苏州双塔菜市场更是以"菜市场＋排档""菜市场＋艺术家""菜市场＋做饭体验"颠覆了菜市场的传统定义。一个"人人都是游客、处处都是场景"的时代已经到来，并将为旅游经济的繁荣发展和旅游企业的研发创新提供不断扩大的市场空间。

旅游已经成为城市更新和乡村振兴不可或缺的市场力量，在可以预见的未来，国家必将进一步提升旅游业的战略摆位。2023年国庆节假日前夕，国务院办公厅印发了《关于释放旅游消费潜力推动旅游业高质量发展的若干措施》。11月，文化和旅游部发布《国内旅游提升计划（2023—2025年）》，加上外交、公安、发改、财政、金融、交通、体育、商务等部门密集出台的相关文件，进一步彰显新时代国家旅游发展的战略地位。各地政府通过召开高规格的旅游发展大会、部署打造万亿元产业、密集出台政策文件，以及消费促进和招商引资的行政举措，有效稳住了消费预期，有力提振了消费信心。随着国家公园、国家文化公园、世界级旅游景区和度假区、国家级旅游城市和街区、乡村旅游、红色旅游、研学旅游等国家层面旅游战略的推进，以及上海建设入境旅游第一口岸城市、桂林建设世界旅游城市、青海建设国际生态旅游目的地等目的地发展战略的推进，旅游基础设施和公共服务体系必须得到进一步完善，旅游治理体系和治理能力现代化水平也将得到相应提升。不断提升的旅游战略摆位、日益完善的基础设施和公共服务、有效提升的治理体系和治理能力，正是旅游创业创新不可或缺的底层逻辑。

随着文化和旅游在更深程度、更广范围、更高层次的融合发展，随着人工智能、先进制造、数字化为代表的新质生产力的广泛应用，旅游业新一轮创业创新的高潮已经伴随着日益增长的跨界进入者，不可逆转地到来了。在旅游者定义旅游业，而不是旅游业定义旅游者的今天，旅游业绝对不可能，也完全没有必要回到过去了。这三年，意味着"人山人海吃红利、圈山圈水收门票"的大众旅游初阶段已经过去，稳定需求、标准流程、规模生产的古典业态正在成为历史，而分众需求、多元供给和即时生产的新兴业态，正在成为多样性需求和个性化体验的大众旅游全面发展新时代的弄潮儿。这一年里，归来的旅游者不再是过去的旅游者，归来的旅游人也不再是过去的旅游人。我们看到越来越多95后、00后年轻的面孔，我们也看到越来越多的科技、艺术、时尚和快消领域的创业创新者，他们跨界而来，他们从未来而来，他们是古典旅游的解构者，也是现代旅游的重构者。因为他们的到来，必将让每一位旅游人心中创新的火焰熊熊燃烧，创造一个更有活力的旅游新时代。

让那些说我们这也不行、那也不行的悲观论者在飞奔向前的时代面前哀叹吧，让那些跟不上发展的保守者在创新前行者面前发抖吧。在新一年里，以中国旅游集团20强为代表的国家队将以最稳定的预期、最坚定的信心，继续引领旅游业奋勇向前。

二、科学研判，重构理性增长的旅游集团新战略

重构发展导向，为了人民的美好旅游生活而奋斗。伟大的公司和优秀的企业家一定有历史意识和使命感。只有与国家战略相向而行，充分保障人民的旅游权利，推动旅游消费的持续增长，旅游集团才有做大做强的市场空间。有些业界朋友会怀念 20 世纪八十和九十年代，总觉得那是旅游业空前绝后的黄金期。可是我们想过没有，那时有国、中、青为代表的旅行社，有建国、锦江、金陵、花园等五星级酒店，有黄山、漓江、秦始皇兵马俑等著名景区，有丝绸、古玩和字画可以卖给外国游客，却没有各位企业家领导的大型集团，更没有春秋、携程、去哪儿、开元、海昌、复星、长隆这样充满创造性和竞争力的一线企业。主要原因是市场基础不够雄厚，市场空间不够广阔。20 世纪末，随着大众旅游的兴起，国内旅游成为旅游经济增长和创业创新最坚实的市场基础，今天在座的各大集团都是这个发展进程的见证者，也是引领者。旅游业经济属性强、市场化程度高，并不意味着旅游集团可以只关注市场占有率、资本回报率、经营利润率等商业指标。全面建成小康社会，迈向社会主义现代化强国新征程的今天，让人民群众有得游、游得起、游得舒心、玩得放心，在行程中领略自然之美、领悟文化之美，不断提升人民群众的旅游获得感和满意度，是国家战略之所系，也是旅游集团职责之所系。

重构发展动能，强化科技应用和文化创造。新需求需要新供给，新供给需要新动能。过去谈旅游投资和发展战略，往往与山水湖田林草沙等自然资源、古村古镇古迹等历史资源有关。一个需求稳定增长、供给短缺的时代，一定是资源为王、创建挂牌的时代。今天，旅游业已经全面融入社会生活的方方面面，旅游者的需求也进入了多样性和个性化的新阶段，需要旅游企业用高效的商业能力满足今天的消费，也要以卓越的创新能力引领明天的需求。2010 年前后，随着互联网企业为代表的科技力量大量进入，创业照耀旅游的星空，旅游业第一次感受到科技带来的青春气息和万钧力量。这种气息和力量在去哪儿的"人生第一张机票""小机场城市"、马蜂窝的"周末请上车""玩法宝典"，以及昨天发布的"旅游创业创新案例"中依然在生长。与此同时，我们也看到有的企业不幸活成了当初要打倒的样子，总想依靠政府资源守住既有的市场地位，而无视 ChatGPT 等

人工智能正在从根本上改变了人们的生产生活和旅游方式。希望更多人认识到数字化已经不是旅游企业的创新动能，而是生存要件。我们要做的不是转不转，而是如何转的问题。与科技联袂而来的还有文化，包括优秀传统文化、红色革命文化、社会主义先进文化和正在创造的现代文明，正在重构文化新空间和旅游新场景。从城市更新到乡村振兴，现代化进程创造出来的每一份主客共享的美好生活新空间，都应当，也可以成为旅游业创新发展新动能。

重构发展空间，从资源导向到客源导向。城市人口规模、经济社会发展水平、旅游资源条件和航空、高铁、高速公路网络一直是影响旅游经济的底层逻辑。在 2023 年 1—10 月国内旅游客流中，近程省内旅游客流占比高达 74.6%。事实上，不仅是过去三年，长期以来的客源流动都是以本地和近程为主。周末 100 公里、节假日 200 公里一直都是多数客源地消费外溢的分界线。从这个意义讲，主打京津"这么近、那么美，周末到河北"的宣传语就不仅仅是对游客心理的知悉，也是对旅游市场规律的洞察。无论是城市群内部还是城市群之间的旅游流动，城市始终是客源地和目的地重构的核心载体和旅游业高质量发展的关键。从"得资源者得天下"到"得客源者得天下"，意味着一个新的时代开始了。企业家要投入更多的精力研究旅游需求和消费方式的变化，更加关注下沉市场和低线城市的发展机遇，以更多"小而美"的创业项目和创新业态融入当地经济社会发展体系。旅游集团要在服务城乡居民"旅游初体验"的消费升级过程中，不断拓展旅游产业创新和旅游集团发展新空间。

重构产业生态，追求竞争优势而不是垄断地位。每当经济周期出现阶段转化，特别是长周期的繁荣阶段，都会涌现一批伟大的公司。之所以伟大，是因为他们面向 C 端的技术研发和商业创新让国民大众共享经济发展的成果，并以现代商业文明引领生活方式的演化。希望新时代的旅游住宿、旅游景区和度假区、旅游零售、旅游演艺等领域一流企业，将更多的精力放在消费端的产品质量和服务效率，而不是政府关系和媒体关注上。希望新时代的旅游集团将发展战略定位于长期的竞争优势，而不是短期的垄断地位上，不能总是用"闭环"的逻辑，想从目的地到中小企业再到旅游者，把天下能挣钱的生意都做了。如果出现"大树底下不长草"的局面，甚至谋求企业不该谋求的权力，那么人民不会接受，政策也不会允许，一定会聚集相克相生的力量而致"一鲸落，万物生"。希望新时代的旅游企业家能够坚持长期主义和利他思维，以勤劳、智慧和汗水做阳光下的生意，才能成为国家放心、人民满意、可持续发展的世界级旅游集团。

三、主动作为，创建融合、创新、开放、共享的旅游经济繁荣发展新格局

贯彻落实习近平文化思想，从项目投资、场景营造、产品研发、品质升级等多个维度推动文化和旅游在更深程度、更广范围、更高层次上融合发展。习近平总书记指出："文化自信是更基础、更广泛、更深厚的自信，是一个国家、一个民族发展中最基本、最深沉、最持久的力量。"习近平总书记强调："坚持以文塑旅，以旅彰文，推进文化和旅游深度融合发展。"在习近平文化思想的指引下，各类旅游集团和市场主体要以国之大者为己任，进一步彰显市场主体在遂行国家旅游战略的新使命、新担当和新作为。在城市更新和乡村振兴的过程中，旅游企业要主动与中华优秀传统文化相融合，既要创造性传承，也要创新性发展，努力让陈列大地上的遗产、收藏在禁宫的文物、书写在典籍中的文字活起来。要自觉与承载红色基因的革命文化相融合，让更多人在旅程中涵养家国天下的情怀。要着力与社会主义先进文化相融合，共创中华民族的现代文明。

用好新质生产力，发展人文经济，创建面向未来的现代旅游业新体系。习近平总书记主持中央政治局第三十四次集体学习时强调，加快培育一批专精特新企业和制造业单项冠军。目前，国家认定的专精特新企业 7 万余家，小巨人企业 9000 余家。建设人民群众更加满意的现代旅游业，不仅需要旅游集团 20 强这样的头部企业，也需要专精特新和小巨人企业，包括正在从概念导入走向市场实践的 "Solo Company（个体公司）"。现在很多地方招商引资都希望引进大集团、大公司，并列出了财政、税收、金融、土地、人才等方面的优惠清单。每次召开旅游发展大会，也会希望在座的企业家到场，举行高规格的座谈会和盛大的意向投资签约仪式。事实上，投资是商业的而非行政的，决策是理性的而非情绪的，哪里有游客，哪里有法治，哪里就有投资。希望企业家在决策进入某地区、某领域和某赛道时，更要关注有没有产业链上下游，有没有配套的中小微型企业，有没有高素质的人力资源。希望强大起来的旅游集团主动开放自身的技术体系和产业链为小微企业赋能，真正做到创业创新者需要什么就给什么，而不是自己多余什么才给什么，这才是大企业该有的样子吧。人永远都是旅游业最宝贵的资源，起步的时候给予创业创新者应有的帮助，旅游业才会进入健康可持续发展的良性轨道。如果大企业试图借规模和平台优势将每一根韭菜都收割干净，那么旅游业终将陷入"独木难成林"的危机，大企业也将为

自己的强大所反噬。

自觉践行全球文明倡议，建设世界旅游共同体。习近平总书记从全球文明发展的视野提出了"构建人类命运共同体"理念。为应对长期挑战，推进疫后旅游复苏和经济增长，需要全球旅游业团结起来，在人类命运共同体理念的指引下，践行全球文明倡议，共同推动公共和私营部门形成新时代旅游发展的思想共识、政策合力和动能创新，加快构建世界旅游共同体，让不同地域、不同肤色、不同文明的人在这颗蓝色的星球上自由行走，繁荣世界文明百花园。在释放旅游消费潜力、促进旅游业高质量发展、推进文明交流互鉴的政策体系中，入境旅游是不可或缺的组成部分。随着签证、移民和航空等一系列政策利好的影响下，入境旅游即将迎来加速复苏新阶段，各大旅游集团特别旅行服务商要借力新型国家旅游品牌"Nihao，China！你好，中国！"，加快入境旅游供应链恢复和产品创新。也要用好出境旅游的消费潜力和投资优势，创造更多企业主导、市场运作、世界认可的新型交流机制和合作平台。

最后，我代表中国旅游研究院再次向 2023 年中国旅游集团 20 强入围者表示热烈祝贺！按总部所在地区排序，他们是：

中国旅游集团、华侨城集团、首旅集团、中青旅控股、海昌集团、锦江国际集团、携程集团、春秋集团、复星旅游文化集团、华住集团、同程旅行集团、浙旅投集团、杭州商旅运河集团、开元旅业集团、祥源控股集团、山东文旅集团、湖北文化旅游集团、岭南集团、四川省旅游投资集团、明宇实业集团。

致敬，国家旅业第一方阵！

创造历史者，终将为历史所铭记！

为建设世界级旅游集团，推动旅游业高质量发展，前进！

繁荣与重构

——中国旅游集团化发展报告（2023）

主编、统稿：戴　斌

调研写作：杨宏浩　赵一静　宦梅丽　陈东芝　战冬梅

分组指导：唐晓云　杨宏浩　战冬梅

数据支持：马仪亮　何琼峰

文献支持：宋子千　龙旭梅

第一部分　复苏走向繁荣的新阶段

一、过去三年已经过去，旅游经济开始步入市场内生和创新驱动的新常态，稳步转入理性繁荣的新阶段

自新冠肺炎疫情管控放开以来，国内市场全面复苏，消费者信心、企业家信心、企业经营绩效等规模和效益指标重新回到景气区间。经中国旅游研究院（文化和旅游部数据中心）测算，2023年前三季度全国旅游经济运行综合指数（CTA-TEP）一直处于景气区间，均值为111.09，接近2019年的同期水平，是2020年以来最好的开局季。受文化和旅游系统创新供给、旅游消费政策提振信心、各级政府各部门综合保障等多重因素促进，2023年旅游市场繁荣有序、融合创新，出游人次和旅游消费等多项指标创下历史新高，成为经济增长和社会发展的风向标。

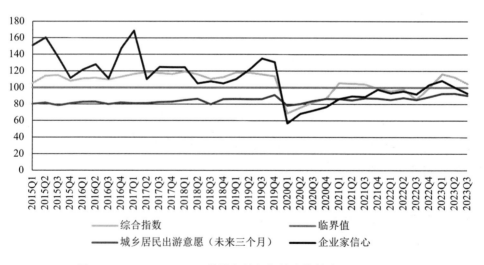

图1　2015Q1—2023Q3旅游经济运行综合指数（CTA-TEP）

1. 假日经济拉动效应明显，旅游经济全面复苏

假日经济拉动效应明显，热门旅游线路高铁票售罄、热点景区人山人海、重点城市一房难求的场景让从业者再次看到了增长的信心。2023 年元旦、春节、清明、劳动力、端午节、中秋国庆节假日国内旅游人次分别为 0.53 亿次、3.08 亿次、0.24 亿次、2.74 亿次、1.05 亿次和 8.26 亿次，同比增长 0.4%、23.1%、22.7%、70.8%、32.3% 和 71.3%，实现国内旅游收入分别为 265.17 亿元、3758.43 亿元、65.20 亿元、1480.56 亿元、373.10 亿元和 7534.3 亿元，同比增长 4.0%、30.0%、29.1%、128.9%、44.5% 和 129.5%。据文旅部统计，2023 年，国内出游人次 48.91 亿，比上年同期增加 23.61 亿，同比增长 93.3%。涨幅明显，恢复至 2019 年（60.1 亿人次）的 81.38%，国内旅游市场复苏加速。国内游客出游总花费 4.91 万亿元，比上年增加 2.87 万亿元，同比增长 140.3%。

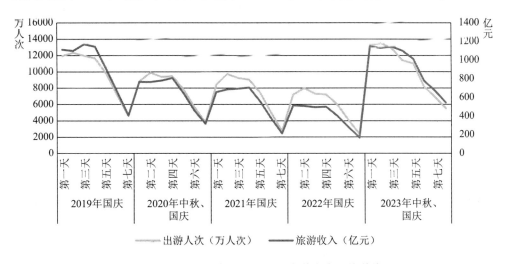

图 2　2019—2023 年中秋、国庆出游人次和旅游收入

2. 城乡居民出游意愿高位运行，游憩半径明显增长

城乡居民出游意愿和旅游消费持续高位运行，游客出游距离和目的地休闲半径明显增长。城市人口规模、经济社会发展水平和航空、高铁、高速公路网络仍然是影响旅游经济的底层逻辑，随着常态化旅行和接触性消费政策的实施，游客出游距离和目的地休闲半径明显增长。中秋、国庆节假日期间，国内游客出游半径 189.5 公里，按可比口径较 2022 年假日同日增长 59.6%；游客在目的地的平均游憩半径 17.9 公里，按可比口径较 2022 年假日同期增长 86.0%。第

四季度是传统出游淡季，但是城乡居民出游意愿仍然保持 90.37 的高位，同比提升 1.8%。考虑到签证、移民、海关等涉旅政策和海外推广工作成果的逐步显现，第四季度可能迎来入出境旅游市场同比、环比双增长。加速回暖的旅游消费有力支撑供应链修复和产业生态重构，进一步推动科技创新和产品研发。

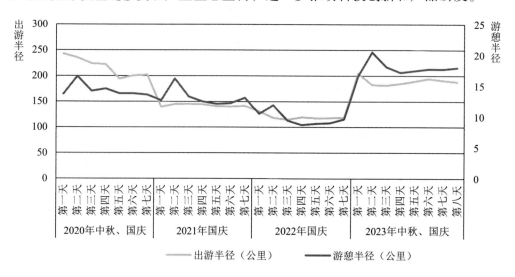

图 3　2020—2023 年中秋、国庆假期出游半径和游憩半径

3. 旅游产业景气与企业家信心明显回升，产业重构进程加速

旅游产业景气与企业家信心明显回升，创新动能积累和产业重构进程加速。需求强劲复苏、出行限制放开、营收大幅回暖与利润逐步回升，共同推高了行业综合景气，为企业家注入信心的同时，也吸引着资本市场的重新关注和增量市场主体的进入。目前，国内头部景区客流同比增长明显；航空业显著改善，同比回暖明显。酒店价格上升明显，驱动酒店业绩改善；离岛免税政策出台之后，海南离岛免税市场在"乙类乙管"新政后再度表现出强劲增长。根据 2023 年前三季度上市公司财报，美团实现了 2000 亿元营收，中免、豫园、携程和同程 4 家公司营收过百亿，景点及旅游板块 21 家上市公司中有 18 家实现了盈利（表 1）。中国旅游研究院（文化和旅游部数据中心）重点联系的 70 家旅游集团专题调研表明，行业景气从资源端逐步向产业下游传导，景区、酒店、旅行社等典型业态均有加速复苏的表现，稳住了旅游市场的预期，提振了产业投资者的信心。

表 1 景点及旅游上市公司 2023 年前三季度财务报表数据

序号	上市公司	营业收入	同比增长	净利润	同比增长
1	宋城演艺	16.18亿元	316.8%	7.871亿元	938.9%
2	黄山旅游	14.35亿元	138.9%	4.079亿元	782.3%
3	峨眉山	8.221亿元	130.7%	2.612亿元	427.2%
4	丽江股份	6.418亿元	150.3%	2.118亿元	695%
5	中青旅	67.34亿元	39.88%	2.062亿元	220.6%
6	九华旅游	5.617亿元	118.4%	1.518亿元	15250%
7	长白山	4.974亿元	209.4%	1.517亿元	693.3%
8	三特索道	5.791亿元	158.2%	1.338亿元	414.9%
9	祥源文旅	5.739亿元	54.79%	1.315亿元	237.1%
10	ST西域	2.685亿元	178.7%	1.247亿元	1395%
11	天目湖	4.748亿元	95.52%	1.2亿元	4731%
12	大连圣亚	3.965亿元	179.1%	1.101亿元	321.7%
13	曲江文旅	11.21亿元	57.35%	6233万元	162.3%
14	岭南控股	24.85亿元	190.9%	5728万元	159.9%
15	桂林旅游	3.666亿元	647.5%	3642万元	121.1%
16	ST雪发	6.589亿元	−47.44%	3086万元	251.6%
17	西藏旅游	1.755亿元	83.98%	2453万元	252.9%
18	众信旅游	20.53亿元	647.5%	1413万元	110.7%
19	张家界	3.268亿元	202.5%	−4220万元	70.65%
20	ST凯撒	4.83亿元	69.25%	−2.355亿元	9.076%
21	云南旅游	3.7亿元	−21.82%	−1.077亿元	−134.2%

　　企业景气指数明显回升，旅游企业和旅游目的地的积极性高涨。春节以来，旅游市场的快速复苏给旅游企业主体注入强心剂，旅游企业终于迎来了触底反弹的新局面。前三季度，旅游集团、上市公司、旅游景区的并购重组、股权转换和短债私募等融资需求旺盛，相对于前几年政府类平台公司主导和土地平衡投资模式，复苏阶段旅游产业新增资本来源于商业银行和产业投资机构。新募

资金部分用于前期融资成本偿还，更多投资则用于新项目建设、产品研发和消费渠道拓展。根据中国旅游研究院（文化和旅游部数据中心）与中国游艺机游乐园协会联合研发的文旅产业投资与采购指数，在1836家受调企业中，79.2%的投资／运营企业、46.0%的制造／服务企业开展了投资活动，其中投资／运营类企业的投资预期较为乐观，制造／服务类企业对投资持谨慎乐观态度，但两类企业的预期信心都高于即期信心，表明企业家和经理人看好旅游业的未来。从投资领域看，主要集中在主题乐园／游乐园建设、文旅装备、科技、度假区／街区、目的地运营等领域。

4. 入出境旅游市场增长，国际和港澳台旅游供应链加快修复

受港澳基础市场大幅回升和签证、航线、海关、金融支付、通讯等利好政策影响，入出境旅游得以快速恢复。2023年8月初，公安局、国家移民管理局出台"外国人申办居留证件免于留存护照""为外籍商贸人员提供口岸签证和多次签证便利"等措施。同在8月，我国驻新加坡、德国、法国、文莱、瑞士等多国使馆发布《关于部分签证申请人免采指纹的通知》，允许在2023年12月31日前，对符合条件的一次或两次入境的商务、旅游、探亲、过境、乘务类签证申请人免采指纹。7月，微信和支付宝宣布境外用户可以绑定国际银行卡，很大程度上解决了入出境游跨境支付的难题，增强了旅游体验。前三季度，我国分三批开放了138个ADS国家团队旅游和"机票＋酒店"业务，至此主要海外目的地国家出境限制均已解除。尤其在第三批名单公布后，全网出境游产品搜索量成倍增长，先前受限于名单制约无法操作的多国串联型产品再次进入市场。至此，国内、入境和出境三大市场拼图补齐，标志着旅游业进入全面复苏、加速回暖的新阶段。受俄乌冲突、泰国和缅甸等东南亚国家游客人身安全等负面新闻、日本排放核污水等事件波及，传统热门出境目的地国家和地区都不同程度受到影响，但总体而言，泰国、日本、新加坡、韩国、缅甸等东南亚或东亚国家仍然为主要出境旅游目的地国家。

二、繁荣的时代已经到来，旅游消费进一步向"三区一圈"集中，个性化和多样需求重构旅游产业新格局

1. 旅游需求多样性和个性化并存，重构旅游产业布局

游客出游目的地和项目选择更加多元化，合家出游、近郊度假、城市漫游

（City Walk）、节事旅游、兴趣旅游、反向旅游、夜间游、轻体育等构成了假日旅游市场的"多样性＋个性化"特征。专项调查显示，2023年中秋、国庆节假日选择家庭休闲、亲子研学、亲近自然、文化体验出游动机的游客分别占比32.1%、28.5%、22.1%和13.2%。消费场景选择更加多样，城市周边乡村、郊区公园、山林水草景区、城市公园等户外场馆吸引了很多游客前往，游客数量占比分别达22.0%、19.5%、16.5%和16.2%。观光仍然是假日旅游的基础性市场，黄山景区全年游客接待量提前一个季度达到2019年历史最高水平，杭州西湖、西安秦始皇兵马俑博物馆、洛阳龙门石窟、山东泰山等热门景区在中秋、国庆节假日期间多次启动最大/最佳承载量预警。中国旅游研究院（文化和旅游部数据中心）与中国移动联合课题组大数据监测显示，中秋、国庆节假日期间重点监测的326家国家5A级旅游景区接待游客人数，按可比口径同比增长88.7%。其中，杭州西湖、夫子庙秦淮风光带、钟山风景区、金鸡湖景区、横店影视城、东湖生态旅游风景区、大唐芙蓉园景区、大理古城、天下第一泉风景区、奥林匹克公园等景区游客人数较多。智慧旅游沉浸式新产品新场景成为消费新热点，长安十二时辰主题街区、尼山圣境、上海天文馆等沉浸式游戏、古今交融的国风、文创、研学等丰富业态为游客们提供了多样化体验。

2. 旅游消费向"三区一圈"集中，打造主客共享美好生活新空间

各类旅游空间和消费场景中，景区、度假区、街区、商圈等"三区一圈"是游客最集中、消费最旺盛的主客共享美好生活新空间。得益于山岳类自然景区、文博场馆、主题公园、游乐园和度假区领跑效应，景区度假区成为2023年前三季度旅游领域恢复最好、增长最快的行业。跟着兴趣相约爬山、骑行、露营、徒步、看展等吸引大量年轻人和亲子家庭，城市漫游（City walk）、盖章式旅游等新型旅游形式和个性化消费新需求不断涌现，带动城市街区和商圈热度维持高位。根据深大智能智游宝数据，2023年暑期旅游景区预约订单同比增长215%，创历史新高，其中5A级景区占总预约量的50%，预约总量比2019年增长超2倍，重点监测的15家景区、度假区和游乐园全面实现盈利，更多的旅游休闲街区实现了业主租金、租户利润和税收同时增长。从游客消费结构来看，市场化进程较高的景区、度假和旅游休闲街区的二次消费和综合消费增长已经超过门票收入。大数据监测显示，中秋、国庆节假日期间重点监测的全国4632个商圈，每个商圈平均达5.66万人次。

3."旅游+""+旅游"拓展文化新空间、旅游新场景和科技新动能

各地争相将体育、音乐节、演唱会、科技、非遗、主题展与国风汉服等融入现代生活，解锁旅游新玩法，推动文化和旅游深度融合，形成了文旅消费新的增长点。中秋、国庆节假日期间，北京、天津围绕"旅游+文博"推出百余项展览活动，杭州围绕"旅游+体育"，利用亚运会热，健身场馆免费、低收费政策力度加强，吸引探亲游、本地游群体参与"运动+旅游"。全国各地举办演唱会、音乐节上百场，将"音乐+旅游"由概念导入市场。"旅游+科技"也成为假日旅游的亮点，天津国家海洋博物馆推出数字光影海底世界"神奇的海洋生物"，广东省科学馆为市民和游客准备了系列科技体验活动。专项调查显示，中秋、国庆节假日期间，27.4%的游客体验了科技旅游。

三、市场环境发生变化，旅游产业链修复提速，供给侧面临结构性改革和业态优化的双重机遇

1.市场环境变化倒逼传统业态转型重塑

过去三年，旅行和接触性消费的限制政策进一步加剧了传统旅行社、旅游景区和星级酒店在旅游经济体系的边缘化趋势。2023年以来，宏观数据一再显示旅游市场高开高走、逐季回暖的大势。微观数据则表明，归来的游客不再是传统的游客了，他们要风景，也要场景，更要景观之上的美好生活。随游客归来的还有更多跨界而来的投资者和运营商，他们有技术、有创意，还有追随创业创新者而来的投资者。相比之下，那些看上去拥有垄断资源的山水人文景区，拥有资源批发和零售渠道双重优势的旅行社，拥有重资产、专业团队和市场品牌加持的星级酒店，似乎在时代的变革面前显得力不从心，在这个史上最热的中秋、国庆节假期并没有获得相应的市场份额和商业收益。尽管有旅游集团等头部企业的创业创新，但是区域之间、城乡之间和不同业态之间依然存在发展不平衡、获得感不充分的现象。那些远离客源地、非头部的山水林草和历史人文景区、城市商务型酒店、入境旅行社、旅游零售商，接待人次和旅游收入等核心指标差强人意，部分企业的主要经营指标甚至低于2022年同期。

2.旅游者正在重新定义旅游业，供应链稳步重构

疫后旅游市场已经改变并将持续变革，人们更需要分散的游憩空间来"治愈"和"自愈"，露营、社群旅游和"反向旅游""平替旅游"等新型需求兴起。

随着文旅融合的不断推进，人们日益看重旅游中的文化内涵，有文化调性的图书馆、网红餐厅，有条件的露营地、景观大桥、影片取景地等，都将成为"新型旅游吸引物"，基于社群的户外休闲、露营、马术、卡丁车、登山、探险、研学活动以及基于兴趣的俱乐部快速兴起。随着"00后"入场、"适老化"加速，旅游消费更具个性化和多样性，去哪儿网联合中国国航发放新客代金券，助力"小镇旅行家"实现"人生第一张机票"的梦想。

内容创新和场景再造提升产品内涵和服务品质。新开业的郑州海昌海洋世界，将全球首座奥特曼主题小镇同帝企鹅、北极熊、海象的"帝王象"组合；珠海长隆最近推出的"宇宙飞船"项目，创下了世界最大室内乐园、最大水族馆等七项世界纪录，开启了文旅IP重资产化的新阶段。更多的旅游景区度假区则通过内容创造和场景营造，持续提升产品内涵和服务品质。欢乐谷旗下14家主题乐园推出"国色生欢""Happy China"主题玩法，成功吸引大量亲子客群。郑州银基国际旅游度假区的星光大巡游、裸眼3D等高科技含量和高文化创意的新项目，融科普研学与亲子互动一体，增强了游客体验感和满意度。红旗渠景区增加了商贸、酒店、研学、情景表演和特色餐饮服务，假日期间的非门票收入已经占到总收入的三成以上，对非中心城市的国有重点景区门票价格下调背景下的新发展路径作出了有益探索。南浔古镇举办廊桥音乐市集，福州三坊七巷的"幸福新图景"，以数字技术和文化创意增强游客体验的品质感。

3. 旅游集团和专业运营商开始创新转型，重归公众视野

游客出游需求更显碎片化，住宿、交通、景区、体验型项目等旅游活动对于综合性OTA平台的依赖性越来越强，酒店和民宿为代表的传统旅游住宿业压力则不断凸显。岭南商旅集团旗下的花园酒店、中国大酒店推出中式美学水墨画展，举办现场音乐表演、中秋亮灯仪式、客房连优惠、中秋家宴、特色美食和嘉年华活动，让酒店成为节假日的城市会客厅和美好生活新空间，并取得了假期营收同比增长超30%、超过2019年营收20%的优秀业绩，为变革时代的旅游创新提供了酒店样本。首旅如家酒店集团是首个与抖音进行日历房合作的旅游住宿企业，在假期前以旅行研究所名义发布旅游攻略，形成种草效应，平均房价、客房出租率、经营毛利全面超过2019年水平，成为传统酒店+数字化营销的示范样本。华天酒店集团在假日期间为宾客提供现场自制的国潮点心"一口酥"，获得游客好评。部分民宿为满足游客"一站式"度假住宿需求，配备了庭院烧烤、家庭影院、露营等多功能设备，让民宿成为本地生活的最佳链接。

令人欣慰的是，越来越多的旅游集团和专业运营商开始适应旅游需求的多样性与个性化，以数字化转型、组织变革、产品研发、服务升级和商业模式创新重归公众视野，并在假日经济中获得了可圈可点的成就。比如，广之旅主推的国风、民俗、月色、秋色、美食、采摘等 1000 多条旅游线路，在中秋、国庆节假日期间共组织了 2000 多个境内外旅游团。携程、去哪儿、马蜂窝等在线旅行商的亲子旅途、精致小团、品质包列、小众秘境等创新产品，也获得了市场和行业的双重认可。中国旅游研究院（文化和旅游部数据中心）重点监测的 326 家 5A 级旅游景区接待游客人数，按可比口径同比增长 88.7%。

4. 旅游政策从托底转向托举，产业引导和惠民利民政策频出

为落实扩大内需战略，国务院办公厅出台《关于释放旅游消费潜力　推动旅游业高质量发展的若干措施》，文化和旅游部相应出台了《国内旅游提升计划（2023—2025 年）》。文化和旅游部还出台《关于推动非物质文化遗产与旅游深度融合发展的通知》，鼓励非物质文化遗产与旅游深度融合，推出 2023 年"欢乐春节"全球活动、"大地欢歌"全国乡村文化活动年、公共文化服务高质量发展工作会议，延长暂退或暂缓交纳保证金政策期限至 2024 年 3 月 31 日，助推文旅消费回暖。2023 年中央一号文件也多处提及文化和旅游内容，并明确提出实施文化产业赋能乡村振兴计划、实施乡村休闲旅游精品工程、推动乡村民宿提质升级。产业引导和惠民利民政策频出，各地举办旅发大会、招商引资、宣传推广的热情高涨。

第二部分　集团的担当与作为

一、韧性前行，城市更新、乡村振兴和国际交流的践行者

1. 推进旅游业有机植入城市更新体系

近年来，旅游集团在积极推进主客共享的城市旅游发展进程中，通过旅游业态、要素、产品和服务有机植入城市更新体系，对城市硬件以及生态、空间、文化、视觉、生活环境进行改造创造，使之重新发展和繁荣。

将旅游业态产品有机植入城市更新体系，培育特色休闲街区、文化创新创意园区推动城市渐进式生长。深圳市福田区城市规划和建设部门意识到居民和游客对文博场馆、公共文化、公共艺术、商业街区日益增长的诉求，携手 IDG 集团，将福华路打造成为国内首个以节日文化为核心的公共文化街区——"深圳节日大道"。节日大道囊括多种业态，具备国际化一流的艺术、文化、展览、音乐、消费环境及服务能力，以文化创新创造推动街区更新。南京旅游集团围绕"创身边之微妙，赋生活以美好"，立足本地，面对近程、高频的本地休闲市场，以业态产品的创新迭代，探不完的宝藏微店和"大师工作室"，营造了"常来常新"的熙南里历史文化街区、水木秦淮艺术街区。除此之外，武汉旅体集团以"首店"经济加速汉口历史风貌区蝶变新生，金东数创对青岛中山路的数字化改造等都为城市更新、街区更新提供了可借鉴的方案和经验。

探索运营前置和全流程一体化模式，创新城市更新可持续实施范式。依托文旅产业，部分旅游集团形成了"景城一体"和"城市更新"并行的开发模式，具备解决城市更新、场景更新、运营提升、文商旅融合开发的全面综合能力，如祥源文旅集团和南京旅游集团等。朝阳文旅集团联合良业科技集团推出的亮马河国际风情水岸项目，打造北京水上城市会客厅，以河道复兴、水岸经济带动城市更新，走出了水城共融的新路子。"轻舟夜赏亮马河"，"人在船上看风景"亦是风景，光影点亮的不止是亮马河的前世今生，更点亮了沿岸多个商圈

的夜间经济。景德镇依托陶文旅集团运营前置和全流程一体化，参与对"陶阳里"陶瓷工业遗存的整体性保护，探索陶瓷文化保护与文旅产业发展良性互动的历史文化街区保护利用模式。通过窑址考古挖掘、里弄保护、院落修缮、文化记忆整理方式，保留街区格局肌理和特色风貌，盘活利用存量建筑，采取"环境提升＋设施优化＋文化注入＋产业带动"模式，植入酒店民宿、陶瓷教育研学、非遗技艺展示、餐饮娱乐等文旅功能，打造文化交流、艺术展览、商业消费一体化公共文化空间，2023 年前三季度接待游客 360 万人次，带动旅游消费 5 亿元[①]。

2. 多路并进绘制乡村振兴新画卷

乡村旅游已经成为乡村振兴的重要抓手。近年来，旅游集团坚持深耕农旅融合，通过村企联动、产业帮扶、产品培育、数字赋能等手段，巩固拓展脱贫攻坚成果，全面推动城乡融合、宜居宜业和美丽乡村建设有序进行。

"国企联村"打造农旅融合示范，巩固脱贫攻坚成果同乡村振兴有效衔接。众多国有旅游集团在三年大环境不易的情况下，仍持续深化定点帮扶，以"企地共建共享"模式，切实推动农旅融合转化为乡村振兴的实际动能。中国旅游集团在定点帮扶的贵州省黎平县，紧紧围绕旅游帮扶、教育帮扶、干部培育、民生改善展开工作。在黄岗侗寨成功实施的"美丽村宿"项目，不仅助力黄岗村成功入选第四批全国乡村旅游重点村，让侗族风情喜迎八方游客，激活当地乡村旅游，并且 2022 年共建收入比 2021 年增加接近 30%，分红总金额增加 20%。此外，延安旅游集团发行的陕西首只乡村振兴债券、四川旅投打造标准化农民工综合服务站等都是践行"国企联村"乡村振兴的有效实践。

依托乡村特色产品培育，突出抓好产业帮扶，奋力开拓乡村振兴新局面。帮扶产业是巩固拓展脱贫攻坚成果的治本之策，旅游业市场主体也在积极统筹考虑市场需求和本地农业农村资源禀赋，谋划如何结合旅游产业将乡村特色优势产业培育好、发展好，实现产品有销路、农户有出路、增收有路径的良好循环。乡村民宿一直是乡村旅游发展的重点领域，携程"度假农庄"从民宿产业升级、产品生态构建、旅游服务提升等方面深度发展，孵化出高品质乡村民宿，依托度假农庄带动当地经济、就业、旅游产业的高质量发展，为乡村振兴和乡村旅游高端化发展提供样板。浙江省旅游投资集团推出的"山乡共富"小助手

---

① 住房和城乡建设部实施城市更新行动可复制经验做法清单（第一批）

项目，以民宿为核心节点，以数字化为纽带，链接乡村旅游大场景，以县、乡、村为服务单元，构建"一屏两端四支撑"的浙江省乡村民宿产业集成系统，靶向独立民宿业主在经营中的难点和痛点，成为助力浙江省乡村振兴和共同富裕的新引擎。

积极推行组织运营管理模式创新，以产业全链路农旅融合助力乡村振兴。余杭文化旅游投资集团成立鸬鸟、百丈、径山、良渚四家乡村产业运营公司，基于"国企＋村社"的模式，做好本地资源整合和产品创新，发挥旅行社和大营销中心的市场优势，通过品牌营销帮助当地农副产品销售流通，以节促旅、以旅带货。岭南商旅集团研创"三路九步"农旅融合质量管理模式，聚焦"市民下乡""农民进城""电商助农"三大农旅融合产品体系，通过工作细则、服务规范、验收标准，对生产作业过程中需求分析、目的地考察评估、产品设计、资源采购、产品上架、推广营销、带团服务、双向回访以及改进优化九个关键步骤实现闭环管理，致力推动农旅融合产品新品迭代率、顾客满意率、人均劳效等多项指标的持续提升。此外众多旅游集团在乡村产业、人才、文化、生态、组织"五个振兴"中都取得了显著成效。

3. 引进来·走出去，"一带一路"旅游互鉴与共建

旅游是中国与共建"一带一路"国家进行文化交流、民心相通的重要抓手。近年来不论是政府层面还是民间层面，在"一带一路"文化和旅游交流方面取得的显著成果，都离不开携程、马蜂窝、广之旅这样的旅行商，锦江、首旅这样的酒店，欢乐谷、长隆、海昌这样的主题公园，中国旅游集团、华侨城、陕旅集团这样的大型运营商，更离不开金融资本、产业资本，以及文化机构、艺术家、专业人士的积极介入。截至2023年10月，携程已与70多个"一带一路"共建国家建立了相关业务合作，不仅仅带去了大量的中国游客，还为当地国家提供就业岗位，目前在"一带一路"共建国家中已有1300多名当地注册向导。海昌海洋公园与沙特投资部合作开发沙特首个大型海洋公园，共建"一带一路"和"2030愿景"。陕西旅游集团凭借优秀的会议会展能力承接了2023"中国—中亚"峰会服务，其海外旅行社成立"中亚中心"积极扩大与中亚各国在旅游线路开发合作的广度深度。

二、聚焦主业，旅游业高质量发展的主导者

受需求回暖和政策促进影响，旅游消费加速度、投资供给多创新。尤其是旅游集团、上市公司、旅游景区和酒店集团开始更加聚焦旅游主业，新募资金除部分用于前期成本偿还外，更多投资则用于产品研发和新市场开拓、科技创新和数字转型、新项目建设和销售渠道拓展。

1. 积极拓展新市场、不断研发新产品

2023年休闲度假市场创新活跃，游客和居民对于短途灵活度假的诉求强烈，部分市场主体充分意识到城市的文化、艺术、教育、科研、商业和生活服务等存量资源对旅游发展的极端重要性，"城市度假"新产品不断涌现。复星旅文旗下 Club Med 开辟城市度假赛道，推出全新产品线"地中海·白日方舟"，将度假村引入城市，将度假转变为一种更高频的消费选择。亚朵集团推出的亚朵4.0产品"见野"，希望为每一位奔忙在路上的旅人，营造松弛、治愈的环境。"见野"通过自然闲寂的设计，心向山野、取法自然，将酒店打造成为城市疗愈场所，拥有离尘不离城的惬意。区别于传统商务酒店，公区更加自然、乡野，采用游牧式全场景办公方案，开放性社交和商务办公可以随心转换，在空间上做到了休闲与商务的平衡。此外，酒店集团在高端和野奢度假产品的持续创新也广受关注，中旅酒店积极打造中旅度假品牌，推出沙漠钻石酒店、安吉和乐山谷亲子农场等休闲度假新产品；首旅酒店板块诺金、安麓、日航资产注入，扩充中高端品牌矩阵；华住集团推出了野奢度假系列新产品"花间营"。

研学旅行市场和产品创新趋于活跃。随着研学市场需求持续旺盛和政策红利的不断释放，更广泛和多元化的市场主体参与到这一细分市场创新中来。重庆探程作为科技型教育公司，致力于文旅资源教育场景转化，聚焦地质研学，输出教育产品与服务体系。湖北文旅集团认识到研学对于景区转型升级的重要性，从集团层面统筹研学业务发展，旗下所有景区设立研学业务部门，以研学促发展。陕西科技一鸣有限公司打造了"实景课堂"云服务平台，通过用户实景交互体验式的教学，实现了多人实时互动学习，并向海外华人开展了一系列中华传统文化主题教育活动。乡村能人带领村民组建的浏阳梅田湖松山旅游有限公司，充分利用当地的农业资源和村民房屋开展劳动教育服务，让学生在真实的乡村场景下体验劳动的快乐，真正实现了劳动教育的意义。海昌以"海洋文化"为内容核心、以"亲子家庭"为单位，践行"小小旅行家"海洋科考，

构建高质量亲子研学游平台。还有江西旅游集团与作业帮集团携手合作，共同开创"文旅＋教育"研学旅行产品。

下沉市场拓展成效显著。大众旅游进入全面发展新阶段，"国民新旅游"与下沉市场崛起，在线旅行服务和旅游住宿业发展成果也正在为更广泛的城乡居民和游客所分享。同程旅行凭借在非一线城市的持续深耕，进一步丰富产品线，从住宿到交通，再到休闲度假细分市场，"一站式旅行平台"覆盖商务出行、休闲度假等出行场景，灵活创新的运营策略较好承接了行业"复苏红利"，2023年上半年总收入 54.52 亿元，同比增加 79.6%。华住集团也保持了良好的恢复态势，二季度 RevPAR 恢复至 2019 年同期的 121%，这与华住通过不断的产品升级和服务提升来获取更高的溢价息息相关。更加值得关注的是华住旗下高品质经济型酒店在下沉市场持续扩张。上半年，华住通过组织架构的调整和优化、建立区域分公司，区域渗透能力进一步加强、并在下沉市场和薄弱区域加速打开市场，二季度新签约酒店达到 1054 家，创季度历史新高。

2. 数字转型赋能供需双向的降本增效和品质升级

今天中国的旅游业，已经不可逆转地进入了数字化驱动的现代化进程。积极融入数字经济，面向以人民为中心的大众旅游和现代化导向的智慧旅游，综合运用 5G、移动通讯、大模型、大数据、GPT、人工智能、区域链等新技术推进旅游业高质量发展，已经成为旅游业市场主体必须回答，而且要回答好的现实课题。

数字技术正在稳步推进旅游服务升级、产业互联和供应链效能提升。在线旅行服务商、旅游集团和酒店集团，正在奋力探索旅游业的产业互联，不局限于线上展示和分销，而是真正赋能到生产端。数字技术正在改变行业的生产方式和运营方式，提升供应链效能。旅游行业垂直大模型"携程问道""春秋智行伴侣"的推出，致力于游客能获得"可靠的内容，放心的推荐"。以往热点榜推荐满足游客追逐旅游热点的需求，而携程问道的智能咨询，则服务于所有旅途中不确定的、新奇的需求。这是 OTA 平台服务方式的一次重要变革，也意味着大模型正在从"玩具"变成生产力工具。同时，2023 年马蜂窝开发了新旅行社全链路数字化平台——游云 SaaS 系统，涵盖供应链资源管理、POI 信息库、目的地玩法管理、产品设计及呈现、定制旅行管理、团队出行管理、财务管理等各个方面，希望通过一个系统打破供应链瓶颈，能实现旅行社"产品研发—订单生成—团单安排—合同签定—资金收付"全流程闭环。住宿业市场主体无疑是旅游行业中数字技术提升供应链效能的领跑者。如华住集团自研的智能酒店选址系统，可通过智能数据分析系统来帮助开发人员和加盟商做出决策。此外，2023 年正式发布华住商旅 2.0 产品，涵盖"数字化住宿解决方案""全场景数字化链接解决方案"和"数字化 MICE 解决方案"，通过企业数字化直连等方式加深与企业客户的互动合作，持续开发新的头部企业客户。景区度假区方面，银基"数字旅居生态链"、祥源文旅的"小岛科技"都是向智能探索的有益尝试。岭南集团的"双中台体系"构建"数业一体化"、首汽集团车辆线上一体化运营管理平台更是从集团层面通过数字转型实现运营管理方式变革的有益尝试。

3. 资产向"轻"、运营前置助推旅游业运管能力全面提升

2023 年住宿业呈现出了轻资产管理输出的全面探索，部分酒店市场主体开始卸下包袱轻装上阵，一定程度上为整个行业运管水平和服务品质提升、品牌培育提供了上升空间。相对较早进行轻资产转型的大型国际酒店集团、本土酒店集团和地方国字号酒店正在持续推进轻资产战略转型，地产系酒店集团也开始了由重向轻转变的战略思路。浙旅集团酒店板块雷迪森酒店 2023 年在积极推进资产向"轻"、减亏扭亏促经营，敦煌宾馆、延安酒店等采用"委托管理"的模式，为酒店的发展注入新的动能。复兴旅文优化业务组合、集中资源聚焦集团核心业务度假村的发展，前三季度实现了扭亏为盈。在景区、街区和主题公园方面，用户导向的 EPCO/OEPC 的项目模式开始被旅游行业认可，这是以结果为导向的规划、有数有据的规划，是运营决定内容、内容融入业态、业态创造场景、场景引导消费，是粗放走向精细化高品质发展的有力实证。部分旅游集团和旅游供应商也在尝试或被动尝试，如祥源文旅通过资产重组注入旅游优质资源，构建"投—研—建—运"全链条四位一体能力；同样 2023 年华侨城集团也基本完成存量在运营项目管理重组。中青旅的《梦回庐陵》、光影百年的《二分明月忆扬州》等都是运营前置助力存量资源盘活的有效实践。

三、携手创新、产业融合赋能旅游业的推动者

1. 内驱外推加速产业融合深化

与其他产业不同的是，旅游是需求导向，由游客消费聚合的产业。所以不论是"旅游 +"还是"+ 旅游"的产业融合，都是企业为满足游客需求为内在驱动的，当然政策、金融、技术支持更是产业融合必不可少的强大外驱动能。

随着旅游权利的普及和旅游经验的丰富，越来越多的游客从跟团游转向自由行，从欣赏美丽风景转向体验美好生活。扩大消费，既是旅游产业的发展方向，也是旅游创新的基础动能。以旅游集团、中型旅游服务商、小微企业等市场主体推动着旅游产业融合创新，满足、引领、甚至创造消费需求，不断涌现的研学旅行、体育旅游、美食旅游、艺术旅游等细分市场恰恰印证了这点。

探索产业融合的模式和路径、健全协同发展机制，积极完善融合发展的政策环境和投融资环境。2023年发布的开展"国家文化产业和旅游产业融合发展示范区"建设工作，推进《国务院关于推进文化创意和设计服务与相关产业融合发展的若干意见》，体育总局、文化和旅游部关于发布"2023年国庆假期体育旅游精品线路"，开展交通运输与旅游融合发展典型案例推荐遴选工作，《元宇宙产业创新发展三年行动计划（2023—2025年）》等政策举措，都是推进产业融合趋势的有力体现。多项产业融合政策的出台，加大了金融支持力度，为企业主动融合创新提供了动力。

2. 产业链中上游企业融通加速，共享空间、资源集聚推进融合场景和产品创新

交旅融合是培植交旅新业态发展、促进交通和旅游功能完善及产业转型升级的土壤。基于市场牵引，基础设施、公共服务和交通工具协同创新，公路、航空、水运、铁路等领域企业和旅游集团主导下的交旅融合成效初显。春秋集团与上海开心麻花创新合作的"开心巴士"是都市观光交通与戏剧的融合。宜昌交旅集团、良业科技集团、南京旅游集团依托游轮游船打造出一批如"长江夜游""恩阳船说""秦淮河夜游""长江传奇"等特色鲜明的滨水夜游项目。

旅游是游客对于异地生活方式的共享体验。近年来，文化艺术与商业的多元化融合打造的本地生活美学休闲空间逐渐成为热点旅游吸引物，也加速了文化、艺术、商业等领域市场主体通过资源共享、空间共享进行产品创新和业态植入。信德集团打造的上海浦东新地标"前滩31"是集文化演艺中心、潮趣商业空间、甲级写字楼以及精品酒店于一体，融合文化、休闲与商业业态的一站式生活目的地，形成一个以艺术滋养创意的文化生活方式的集聚区。艺术时尚资源集聚通常会营造出较强治愈感的空间和氛围。景德镇就是一个艺术融于生活城市，培育了一批富有治愈力的艺术聚落，比如三宝集团依托陶瓷大师工作室、美术馆、民宿等业态聚集打造的三宝村，吸引了众多青年"景漂"旅居。当然除了交旅融合、艺术商业融合的创新，工业旅游、游戏动漫、元宇宙等领域的市场主体融合创新也呈现出了较为活跃的态势，比如首旅集团的首钢园、腾讯互娱与滕王阁的联合、曲江与太一的大唐灵境等合作推出了热点项目与产品。

3. 文化创新创造推动文旅产业深度融合发展

日渐增长的文化休闲和旅游消费已经成为繁荣市场、推进高质量发展的现实动能。文化创新创造的新载体、新形式、新服务，正在成为目的地重要旅游吸引物。当前文化和旅游产业内部的链条不断丰富，产业间链条的融合日益深化。新奥文化产业园运营有限公司投资建设的《只有红楼梦》、建业集团《只有河南》戏剧幻城系列，就是中国文化、传统、现代表达完美融合的创新载体样本，既是"中国风"，也有"世界范"。跟着音乐节去旅行、跟着赛事去旅行成为需求端疫后旅行新特征，供给侧面对需求冲击迅速回应，同程旅行与腾讯音乐娱乐集团、飞猪、江苏文投、贵州旅投、南阳文旅体集团与迷笛等纷纷开启"音乐节＋旅游"的合作模式，为目的地文旅融合发展注入新活力。在新服务方面，亚朵一直努力将人情味植入到现代酒店服务中，率先倡导"中国体验"，将中国的礼仪、人情文化与旅游服务融合，结合"峰终定律"细分了17个服务触点，通过服务产品化覆盖用户的大部分需求；在提供标准服务同时，通过大数据记录客人个体的、临时性的需求，并沉淀衍生为服务产品，形成亚朵独特的"标准个性化"服务。

第三部分　面向未来的重构

我国旅游集团单体规模和总体实力在不断提升，随着集团对行业认识和发展理念的重构，产业布局的调整，业态、产品和模式不断创新，集团进一步协同发展，以及对人才制约的突破，旅游集团迈向更高的发展阶段。同时，集团之间也在不断分化分层，中国旅游集团、锦江国际集团等开始向世界一流综合性旅游企业迈进，部分旅游集团则致力成为具有全国性影响力或区域性影响力的综合性旅游集团，也有部分成为专业性的、国际化的旅游集团，如华住酒店集团等，从而形成丰富多元的产业生态。

一、认知和发展理念重构

1. 对行业认知不断深化

对旅游业属性的认知决定了旅游集团能有多大作为。在改革开放前，旅游业属于事业，改革开放后产业属性越来越强，文化和旅游融合发展以来，对旅游业的事业性要求有所提升。旅游业是涵括吃、住、行、游、购、娱在内的综合性产业，是为满足广大消费者对美好生活需求的快乐产业、幸福产业，也是现代生活服务业。从满足消费者美好生活需求角度考虑，一些旅游集团的业务已经超越原有对旅游业的界定，通过跨界融合而广泛介入生活服务业的各个领域。例如，山东文旅集团旗下有特色教育、文化传媒两大板块，岭南商旅集团聚焦"大商贸、大旅游、大食品"三大主业，致力品质服务，成就美好生活。

2. 践行新发展理念

旅游集团要实现更高水平、更高质量的发展，必须坚持践行创新、协调、绿色、开放、共享的新发展理念，贯彻以人民为中心的发展理念。

创新发展。旅游集团已经认识到，文旅行业属于创意产业，创意创新创造成为企业发展的核心动力。旅游集团在不断探索尝试业态创新、商业模式创新、产品创新以及服务创新等不同层面创新。也在实践不同难度的创新，类似 OTA、共享住宿等颠覆性创新难度很大，可遇不可求，但可以探索程度较低的创新，特别是可以更多尝试相对容易的微创新。

协调发展。旅游集团往往业务涉及旅游产业链条上的众多环节，需要发挥全产业链一体化核心优势，协调推进产业一体化协同、常规业务与数字化协同、专业服务与主业协同，在协调发展中打造核心竞争力。为进一步提高一体化协同运营效率，旅游集团需要按照全国、全省或全市县全局"一盘棋"的思维方式，从战略性、区域性、一体化、经济性多维度综合分析，创建优化生产服务运营综合指数体系，构建集成化、平台化、透明化、高效化的一体化运营管控新模式，利用数字化、智能化手段，为项目投资提供专业决策依据，实现旅游产业链各环节环环相扣、相融共促的运营服务格局，走出高质量协同发展的新路径。

绿色发展。双碳目标下，绿色化、低碳化成为旅游业的重要发展趋势。锦江集团、君庭酒店集团等开始发布 ESG（环境、社会和公司治理）报告。零碳酒店、零碳景区，无废酒店、无废景区以及酒店碳标签等开始受到欢迎。以注重生态环境保护为基础的生态旅游开始受到重视，提出要盘活生态旅游的存量资源，打造生态旅游的开发模式，开发契合旅游者需求的生态旅游产品。其中，中国林业集团定位于做践行"双碳"战略领跑者、生态产品价值实现示范者、构建现代林业产业体系领军者，大力开发生态、康养等特色森林旅游项目。上海市还成立了上海崇明生态旅游集团。宜昌城发集团开发出了全球第一艘纯电动游轮。

开放发展。一是集团对内开放。集团设立内部交流平台等，在内部员工之间进行信息共享和合作，打破部门之间的壁垒，促进团队合作和创新。二是集团对外开放。包括与外部合作伙伴和社会各界进行广泛交流和合作，如与旅游企业合作，共同开发旅游产品和推广市场，参与政府旅游政策的制定和推行，与学术机构、研究机构合作，进行旅游领域的研究和交流等。通过对内对外开放，旅游集团不断提高内部员工的工作效率和创新能力，拓展企业的业务范围和影响力，促进企业的发展和成长，提高企业的竞争力和市场地位。三是集团的国际化。例如，锦江酒店集团对卢浮酒店集团、美国精选酒店集团的收购，华住酒店集团对德意志酒店集团的收购，明宇商旅集团在全权管理乌兹别克斯坦两家高端酒店等。中国旅游集团在推进国际化经营中，围绕热门出境休闲度假及商务旅行目的地，推动出境游、免税零售、休闲度假区开发或运营等业务走出去，通过业务合作和投资、并购等方式，将逐步参与或占有当地核心旅游资源，把中国旅游集团打造成享誉世界的旅游服务品牌。随着消费者全球化的流动，国内 OTA 平台也顺势拓展海外市场。携程已经从一个预订平台发展成为触达旅游全生态的产业平台，利用其平台优势开始布局境外市场，如收购英国旅游搜索平台天巡（Skyscanner）以及荷兰最大的 OTA 平台 Travix，持有MakeMyTrip 约 49% 的股权，携程的英文名改为 "Trip.com Group"，标志着携程想要成为全球企业的决心和愿景。

共享发展。部分旅游集团已经在尝试财务共享、数据共享，在住宿设施共享理念指引下诞生了短租和共享住宿平台，人才共享也开始受关注。由锦江旅游牵头成立了"中国文旅目的地产业联盟"，该联盟由 28 家国内文旅领军企业共同发起，将积极促进各地文旅企业间的业务协作，通过顶层规划、产业配套、内容设计和市场营销等手段，打通文旅产业链上下游，推动优势互补、合作共赢，满足不同文旅目的地之间的差异化需求，赋能文旅景区和目的地，加快提质增效。中青旅联盟自组建以来，到目前已发展到近 120 家成员，覆盖 4 大洲33 个省级行政区。山东文旅集团与中央民族大学、青岛酒店管理职业技术学院牵头，共同组建了"政行企校研"等多方参与的全国精品文旅产教融合共同体，依托在产业业态、行业资源、技术人才、产业应用等领域的优势，整合资源、开放共融、强化协同，全力做好服务与支撑，与高水平学校、职业院校、行业企业共同构建央地互动、区域联动、政行企校协同的良好格局。

3. 发展目标超越经济利益和注重长期目标

一是发展目标从"利润至上"到关注"利润之上"。旅游集团作为一个市场化的营利机构，必须要追求利润，但不能仅仅追求利润，要统筹好利润和社会责任等目标。一家有抱负的旅游集团的发展理念和战略目标应该超越经济利益，即在关注利润的同时要有"利润之上的追求"。这也是很多旅游集团开始关注ESG（企业环境、社会、公司治理）责任投资理念的重要原因，他们想致力于成长为环境友好型、社会友好型和规范化治理的公司。

二是开始注重长期目标。上市是很多企业发展的主流思路和发展目标。为了尽快上市，一些企业违反发展规律，不顾长期发展战略，专注短期超预期市场规模扩大以及市场占有率的增长，不尽心投资研发，不关注核心竞争力的打造。我们要学习华为不以"上市"为目标的企业发展理念，遵循企业和所在产业的发展规律，依靠企业的经营实现资本积累，专心研发和技术创新，坚持聚焦五年甚至十年后产业的发展和市场需求，而不是急于追求短期的规模。

三是更加重视企业家精神在推动企业发展中的重要性。支撑企业欣欣向荣发展的众多要素中，企业家精神是其中重要的一环。过去一个阶段，我国已涌现出一批具有企业家精神的企业家，未来需要更多的企业家和拥有企业家精神的创新创业团队和职业经理人。

二、产业布局的重构

1. 产业链供应链重塑

产业链供应链重塑是旅游集团面临一项重要工作。疫情三年，导致旅行社国内和国际供应链严重受损，一年来旅行社都在致力于供应链的修复工作。旅游集团也在致力于产业链供应链的强链补链延链和建链工作。锦江国际集团聚合酒店、餐饮、旅游、汽车、城市服务等业务板块，全面深化文旅供给侧结构性改革，抢占全产业链"生态位"，不断完善旅居生态体系，全力保障人们的吃、住、行，积极助力美好城市生活的重启和经济社会的稳定发展。南京旅游集团率先提出立足强链补链延链，为建设产业强市贡献文旅力量。一是聚焦优势产业强链，重新规划"网红园"红山动物园空间，打造"最有温度的动物园"。二是聚焦新兴产业补链。第二艘千人客位的"长江之恋"年内下水运营，同步谋划五马渡长江内河游轮港项目，建设南京长江文化博览园；把光影演艺、沉浸交互等数字技术应用在游轮码头、街区景区等领域；新模式扩大"莫愁旅游"OTA 规模，构建"1+N"南京全域旅游总入口。三是聚焦产业融合延链。强化街区、景区对夜游、夜经济的带动力，做强"首店"经济。

旅游行业供给侧资源正在向头部企业和平台集中。以酒店业为例，2019 年酒店集团 60 强管理酒店数 3.35 万家，客房数 341.4 万间，到 2022 年酒店集团 60 强管理酒店数 5.8 万家，客房数 531.5 万间，分别增长 73.1% 和 55.7%，三年时间连锁化率和行业集中度大幅提升。大型酒店集团关注供应链建设，纷纷成立酒店集采平台，如锦江全球采购平台（GPP）、华住易购酒店采购平台、东呈商城等。其中，锦江 GPP 通过发挥自身供应链资源整合优势，在共享采购平台这一模式下，提供从筹建到运营全链条智能化、数字化、平台化的采购服务，令每家酒店的人力和管理成本得到极大节约，在锦江酒店（中国区）旗下品牌及门店全生命周期中发挥着不可替代的优势作用。此外，一些为酒店行业提供服务的第三方酒店集采平台也开始出现。

旅游行业平台间的竞争从早期的流量竞争，切换到基于产业链效率的全面竞争。同程旅行不断通过赋能产业链数字化升级，提升产业话语权。以住宿产业为例，同程旅行旗下旅智科技目前拥有"住哲""金天鹅""云掌柜"等PMS品牌，可以为中小酒店集团和单体酒店提供SaaS解决方案。与此同时，同程旅行还成立了住宿产业赋能平台"艺龙酒店科技"，强化了对住宿产业链业务的整合赋能。同程旅行先后收购整合同程国旅、宣布拟收购同程旅业，在完成旗下旅游度假业务深度整合的同时，搭建完整的休闲旅游度假板块的产品线。在积极整合供应链资源同时，同程旅行对产业链的投资也在加码。在过去一年半时间里，同程旅行已投资了5家旅游产业链公司。这背后体现的是，旅游行业投资逻辑逐渐由财务投资向产业/战略投资转变，未来在供应链整合有所建树的企业将会扮演更重要的角色。相比于流量逻辑，供应链逻辑下头部平台更容易从网络效应中受益，进而拥有更高的产业价值和护城河。

并购重组、资源整合仍是旅游业的重要推进力量，也是旅游集团强链补链的重要方式。浙旅投、河北旅投、福建省旅游集团、山东文旅集团等省级国有旅游集团近年来都经历了不断的资产注入和重组整合，加强和补足产业链，从而实现了快速增长。未来国有旅游集团的资产整合和民营旅游集团并购重合以及混合所有制改革将仍然是重塑旅游产业链供应链的重要推手。

2. 产业融合打开成长空间

产业融合既包括文旅融合，也包括文旅与其他产业的跨界融合。随着行业壁垒的崩塌，产业边界逐渐消失，文旅与农业、健康、体育、商业、交通等众多产业融合发展，为旅游企业打开了新的发展空间。

数智化的快速发展，也为在线旅游企业提供了巨大机会。传统意义上的集团化是从硬件领域（实体企业）向软件领域（数字化领域）扩张，而现在的一个新趋势是，集团化正从软件领域向硬件领域扩张。旅游集团向外延伸和融合发展的同时，其他企业集团也正在进入传统旅游集团的领地。例如，携程集团孵化运营的丽呈酒店集团，定位为OMO住宿生态平台，已累计签约酒店超过600家、超过300家酒店开业，美团向共享单车和网约车领域以及战略投资东呈酒店集团，同程旅行进入航空领域。抖音和小红书也加速入局旅游领域。

旅游集团在进行跨界融合，多元成长的同时，也要加强资产管理，进行

"瘦身归核"运动。综合性旅游集团动辄旗下上百家公司，业务繁多，资产良莠不齐，需要梳理现有资产，评估资产价值，进行瘦身、整合和归核管理。

三、模式、业态和产品创新

中国已经进入到以国内大循环为主体、国内国际双循环相互促进的新发展格局，必须启动国内大循环消费需求。在此背景下，旅游业布局大致可以沿两个方向展开：需求端提升服务能力，供给端推动产业升级。旅游集团必须进行转型升级，通过创新和重组来优化改进商业模式、业态和产品。

狭义的创新发展指技术创新、技术进步，一般与硬实力相关，是传统经济学生产函数中除短期增长要素 K（资本）、L（劳动力）以外的第三个参数 A，它的变化代表技术进步推动的长期增长。广义的创新发展不仅指技术创新，也包括发展观念、模式的创新，以及数字化改造的软实力提升。换句话说，这些创新具有与技术进步推动经济发展同样重要的意义。从某种意义上来说，广义的创新拓展了"创新发展"的概念，使创新发展变成软实力比拼的蓝海概念，而不是硬实力碰撞的红海概念。

中国旅游集团坚持服务创造价值，秉持"服务大众、创造快乐"的使命责任，着力推进旅游产品创新和核心服务能力提升。一是擦亮品牌，塑造服务文化。中旅酒店升级"5M服务"，启动"擦亮真情耀客服务"专项行动，形成"两核心、一原则、一指引"的服务理念体系，同时举办第一届"星耀杯"酒店职工技能大赛活动，树立服务技能标兵，让服务文化真正厚植每个员工的内心。二是培育精品，创新旅游服务。认真研究旅游消费新需求、新趋势，不断增加优质旅游产品供给，把"产品"转化为"商品"，再把"商品"转化为"作品"。中旅德天跨国瀑布建立"主动服务"体系，先后推出奇妙夜德天、稻田咖啡时光集、登高观瀑、天空之戒等网红产品和项目。三是优化服务，创建服务标准。深入检视自身服务标准与客户需求的差距，全面优化升级服务标准体系和服务规范，推动服务规范化、标准化、系统化。中旅免税开展"S店"创建行动，从运营标准、服务规范、组织架构、薪酬体系、培训体系、仓储物流、信息建设等方面全方位提升服务能力和水平。

随着硬件及软件的概念越来越模糊，服务和体验将会成为企业在发展时关注的焦点。也就是说，游客体验将成为检验旅游产品的根本标准。数据的价值越来越重要，掌握数据就掌握未来。要想顺应时代潮流，就一定要尽可能收集各行业，尤其是文旅行业的相关数据。没有数据的支撑，就难以透彻理解并了解旅游消费者的潜在需求和体验感受。数据将成为我们开发旅游产品的重要依据和指示器。

在旅游集团内部，各业务部门或各子集团应实现数据共享，尽一切可能有效利用消费者数据，一方面最大化市场收益，另一方面减少不必要的资源浪费，促进集团整体收益的不断攀升。现在经常遇到的一个问题是，消费者在某一平台上购买某一产品后，平台会一个劲儿向消费者推荐同类产品，这就很难算得上是让消费者享受到了美妙的购物体验。这就需要企业根据数据库中消费者的其他行为数据，为其提供个性化的服务。总之，企业需要时刻揣摩如何为消费者提供最优的服务和体验。

在研发旅游产品方面要遵循"顾客优先"原则。顾客追求的无疑是最好的服务体验，因此企业在开发设计产品和提供服务的过程中，就要以增强用户体验为第一要务，也就是要恪守"顾客优先"原则。迪士尼集团内部有一个共识，那就是无论什么行业都要把满足顾客的需求放在第一位。这就要求我们无论是在研发产品的时候，还是在提供服务的时候，要有同理心，要换位思考，多站在消费者角度考虑问题。

四、聚力协同发展

1. 集团本身协同高质量发展

旅游集团业务领域往往涉及旅游产业链多个环节，旗下公司动辄几十个，有的多达200多家子公司。为了进一步聚焦核心能力和核心资源，更高效地实现跨越式发展，旅游集团纷纷进行业务架构重组，如前几年中国旅游集团组建了中旅旅行、中旅酒店、中国中免、中旅风景、中旅投资和中旅资产等，首旅集团最近也形成首旅文娱、首旅旅行、首旅住宿、首旅零售等新的业务架构。

数据的灵活应用能加强和实现集团各部门的协同效应。数智化的发展使得数据的价值益发重要。传统意义上的集团化指的是，企业将在某一行业积累的资本运用到其他行业上，即以分散投资思维经营，从而使企业不断发展壮大。未来，企业集团所有的项目都跟数据紧密相关。虽然它们的经营项目涉及多个行业，但他们在多个行业中使用的是同一数据库中的数据，即旅游消费者，甚至可以说是生活服务消费者的数据。将从某项业务中获取的数据及经验应用于其他项目和业务，就会产生协同效应。

中国旅游集团狠抓供应链管理来提升效能。健全完善"1+N"的采购管理制度体系，推动招标采购"一张网、一个平台"建设，上线电子招标采购平台，全面实现采购管理体系化、采购过程电子化、采购交易规范化、标准化。中旅免税创新应用人工智能、物联网、数字孪生等技术，持续提升仓储物流的自动化、数字化、智能化水平，基本达到世界一流水平。

同程旅行从需求端着手，通过O2O线上线下协同发展，不断做大流量池，提升服务能力。在线上，公司通过合作和主动开拓，构建了多服务场景、多渠道的流量生态。同程旅行微信小程序自设立以来去重累计访问用户突破十亿。与此同时，同程旅行积极扩充腾讯生态外的服务场景，包括与华为等手机厂商、快手等短视频平台以及地图类应用展开合作。在线下，同程旅行正在覆盖更多的线下场景。比如，同程旅行联合酒店推出"扫码住"，与汽车客运站和旅游景点合作设立自助售票机。在推动行业数字化的同时，同程旅行很自然地通过线下服务场景将用户转移到线上。

2. 集团之间协同发展

集团都有自己的强项和弱项，在资源的空间布局上也都不均衡，需要加强相互之间的协同发展。区域之间协同，客源互送，产品互补，打造跨区域精品线路。

锦江旅游以打造"全国领先的文旅和会展综合服务商"战略目标为引领，依托集团产业链优势，以"文旅目的地产业联盟"为平台，以深度参与各地优质文旅目的地项目为抓手，加快布局文旅目的地业务。通过品牌赋能、创意策划、开发合作、内容支撑、引流引擎、IP导入和运营保障等，为国内优质景区和目的地提供全方位、全链条的"一站式"解决方案。旅游集团也通过商业模式合作实现共赢，如宜昌交旅集团和南京旅游集团在游轮旅游领域的合作。由南京旅游集团有限责任公司、宜昌交运集团股份有限公司、南京大件起重运输集团有限公司共同投资组建的合资公司南京长江行游轮有限公司，主要经营豪华游轮业务，打造的首款高端游轮型内河旅游产品"长江传奇"号游轮正式启航以来广受各界好评。

五、破除人力资源约束

旅游业作为服务业的重要支柱之一，近十年来一直受到人力资源流失和短缺的困扰。特别是三年疫情，更是导致旅游从业人员的大规模快速流失。2023年旅游业快速复苏并迎来繁荣期，旅游集团对人力资源的需求更为明显。

随着文旅融合、跨界融合、产融结合以及数字化转型发展，旅游集团的产业融合、复合型的跨行业人才面临短缺。数字技术应用会对旅游基层就业产生一定替代效应，但对旅游高层次人才产生更大需求。作为服务型行业，旅游集团要注重服务品质的提升，做好服务速度与温度的平衡。低端酒店如经济型，可更多采用机器人等数字化智能化技术和设施设备。但对中高端酒店，能智能化的环境或场景，尽量采用智能化设备，对其他环节或场景还是应多采用人工服务。受人工智能（AI）影响，特别是2023年爆发的ChatGPT影响，部分企业积极介入AI文旅大模型的研发，以期能够替代部分人工服务，缓解对人力资源的需求。例如，百度推出了文心大模型，360推出了天津文旅大模型，携程也在研发自己的文旅大模型。

一方面，加强企校合作，加大对实践型人才的培养。由高校和企业组成的融合体，如山东文旅集团与中央民族大学等组成旅游产教融合体，让高校更多感知企业对人才的需求，优化高校课程设置，培养更多应用型人才。同时联合企业、社会机构做好一线员工的培训工作。

另一方面，要重塑旅游产业形象，提升旅游产业吸引力，要让旅游产业成为一个受人尊敬的行业，要不拘一格降人才，广纳天下英才为旅游所用。

主题发言

在 2023 中国旅游集团化发展论坛的致辞

段 强

中国旅游协会会长

杜江副部长好！各位同仁上午好！虽是隆冬时节，内心却暖意浓浓。很高兴我们今冬能够在线下相聚，共商旅游行业和旅游集团的发展大计。旅游集团化论坛到 2023 年已经是第十五届了，在这期间我们一起探讨了旅游集团发展过程中所涉及到的几乎所有重大问题和方向性话题，指引和带领大家不断奋勇前行。时间是最好的试金石，这期间，大部分企业跟上了时代步伐并且不断发展壮大，但也有一小部分企业落后了，甚至被时代所抛弃。

我们本届论坛的主题是"繁荣与重构"。2023 年是疫后元年，旅游行业打了个翻身仗。旅游行业的快速复苏有很多原因，既有压抑三年的旅游需求得到较为充分的释放，也有旅游供给侧改革提供契合需求的产品，还有释放需求潜力和促进高质量发展的行业政策推动。虽然 2023 年的旅游市场呈现一片繁荣景象，但这已经不是疫情前的市场，整个行业也正在重构重塑，我们需要审视当前和研判未来，更好地布局未来。

当前的旅游业正在经历行业重构。疫情之后，旅游者的需求发生了变化，对休闲度假、健康疗养、研学教育等产品需求更多了；旅游者的消费行为也变了，更多旅游者愿意自驾游出行，特别是驾驶新能源骑车出行的比例在增加；出游的区域和城市也在变化，新疆、甘肃等西北地区以及东北地区开始受到关注；整个旅游行业的集中度在提高，旅游集团 20 强收入占全国旅游收入的比重创新高，酒店集团 60 强管理的酒店数量和客房数也大幅增加；产业融合发展在不断拓展旅游业的领域，数字化技术在不断重构旅游企业的组织结构，提升企业运营效率、降低运行成本和改善旅游体验，并推进集团内外部更好地协同发展。

旅游集团产业链供应链正在重塑。旅游集团注重强链补链延链，不断创新求变。对已有产业链供应链环节，以文化为引领，融入各类文化元素，彰显时尚、艺术的价值，产品尽显独特魅力。以数智化赋能产业链供应链，增强供应链的弹性，提升旅游集团的竞争力。特别是 2023 年 ChatGPT 发布以来，一些文旅大模型也应运而生，对旅游业的影响已有所显现。对薄弱和缺失环节，通过强强联合、收购并购以及资产划拨等方式在加固产业链。旅游集团也在通过产业融合、介入乡村振兴和城市更新以及开发夜间产品等不断延伸产业链供应链。

在这个旅游市场快速变化、行业重构和产业重塑的时代，需要旅游集团高度重视转型升级的重要性。国有旅游集团要培育创新动力，民营旅游集团要集聚发展信心，要旅游行业倡导企业家精神，在发展理念、体制机制、发展模式、业态和产品研发等各个层面进行创新，实现转型升级，提升企业竞争力。未来旅游需求是否能延续 2023 年的火爆存在不确定性，这取决于老百姓的荷包和大的经济环境，但老百姓对美好生活的向往和追求是不会变的，企业创新不进则退的发展规律是不会变的，我们既要对未来坚定信心，也要为未来的各种可能性作好充分的准备，不断创新求变，为旅游者提供更好的服务和体验。

冬天是一个蓄势待发的季节，冬天也是一个孕育希望的季节，祝各位在新的一年里再创佳绩！

最后，祝本届论坛取得圆满成功！谢谢大家！

重构价值　重塑优势　推动旅游业高质量发展

王海民
中国旅游集团有限公司总经理

尊敬的杜江副部长、刘多副市长、段强会长、戴斌院长，各位领导、嘉宾、业界同仁：

上午好！

很高兴受邀参加"2023 中国旅游集团化发展论坛"，首先，请允许我代表中国旅游集团对论坛的举办表示热烈的祝贺！对文化和旅游部、上海市政府、在座各位嘉宾和社会各界长期以来给予中国旅游集团的关心和帮助表示衷心的感谢！下面，我围绕"繁荣与重构"会议主题与大家交流分享几点看法。

一、市场从恢复性增长走向理性回归

2023 年无论对中国旅游业还是全球旅游业都是非常重要的一年，经过三年疫情冲击的旅游业迎来新发展阶段。

从国内市场看，旅游业稳开高走，发展韧性十足。前三季度，国内旅游人次和旅游消费总支出已恢复到疫情前的 80% 以上，五一、中秋国庆等重要节假日旅游人次和旅游收入均超疫情前水平。从恢复曲线看，暑期后呈现旅游人次恢复放缓，客单价逐步回升的特征，这意味恢复性消费释放或将告一段落，行业将回归到符合自身运行规律的理性增长阶段，2024 年市场或将进一步分化。从当前市场热点看，有历史沉淀感、文化获得感、生活体验感的旅游产品被消费者追捧，游客放慢旅行的节奏，分享旅拍，品尝美食，深度休闲，探索目的地人文历史，感悟景观之上的生活和历史文化沉淀。根据相关数据，中秋、国庆假期全国博物馆接待观众总量达 6600 万人次，是 2019 年的 130% 左右；前三季度，全国营业性演出场次较 2022 年同期增长 279%，演出票房收入较 2022 年同期增长 454%；中国旅游研究院调查发现，93.1% 的受访者将体验当地美食作为旅游的主要因素之一，这些数据进一步说明了市场的发展方向。我们还注意到，在出入境口岸免税恢复的同时，海南离岛免税市场仍然保持增长，2023 年前 11 个月，离岛免税购物人数同比增长 60%，购物金额同比增长 26%，虽然客单价有所下降，但总体收入保持增长。之前担忧的出入境旅游恢复带来的消费转移并不明显，国内旅游市场仍然充满韧性。海南离岛免税商品价格有明显区域竞争力，离岛免税消费购物初步形成习惯。

从出入境市场看，在政策和市场双重驱动下，有望成为 2024 年行业主要的增长点。根据全国移民管理机构数据，前三季度出入境人数恢复到疫情同期的 57%，呈现逐季好转态势。但入境外国人次复苏较慢，前 10 个月，上海、北京重点口岸入境的外国人仅恢复到疫情前的 31% 和 27%。国家高度重视入境游的提振。国庆假期前，国务院办公厅印发了《关于释放旅游消费潜力推动旅游业高质量发展的若十措施》，专门对发展入境游做了政策安排，之后又将单方面免签国家扩大到 8 个，对入境游市场的扶持力度已超过疫情前水平，充分体现了国家推进高水平对外开放的坚定决心。2019 年我国实现国际旅游收入约 0.9 万亿元人民币。据统计，全球平均入境游收入约占 GDP 的 1.5%，预计 2024 年中国入境游将有较大增长。

从消费需求看，呈现消费升级、客群分化、需求倾向转变等特征。2023 年以来，客单价下降、消费更加理性等引发市场热议，但从我们观察的数据看，消费理性与消费升级并行。海南离岛免税抽样数据显示，前十个月，奢侈品及腕表珠宝品类销售额较 2022 年同比增长 70%，高于整体销售增幅 42%，充分显示了大众消费升级的潜力，也是市场回归理性增长的重要表现。其次，国货文化更受市场青睐。2023 年双十一期间，国货美妆品牌销售贡献大幅提升，根据星图数据，在美妆销售额同比下降 4.4% 的情况下，国货美妆品牌销售同比增长 65%，在整体品类中贡献比例由 21% 增长至 37%，同比提升约 15%。中国未来 10 年也将会产生世界级的香化品公司。长期来看，客群结构变化也是不容忽视的趋势。据复旦大学老龄研究院银发经济课题组预测，人均消费水平中等增长速度背景下，2035 年银发经济的规模为 19.1 万亿元，占总消费比重为 27.8%，占 GDP 的比重为 9.6%。未来，亲子游、Z 世代和银发游等细分客群多层次、个性化需求崛起，对旅游产品体系的精细化提出更高的要求。

从供给恢复看，2023 年以 OTA 线上平台、景区、酒店恢复为主。前三季度，30 家旅游重点上市公司中，营业收入和净利润恢复最快的为 OTA 平台企业，营收较 2019 年同期平均增长 44%，其次为景区行业，恢复最慢的是传统旅行社，特别是出入境游恢复有限。与国际市场相比，中国邮轮国际航线复苏明显滞后，预计 2023 年游客量恢复到疫情前的十分之一。但从西沙邮轮航线看，前三季度，接待游客已恢复到 2019 年的 145%，说明国内邮轮旅游的消费需求力。我们十分看好邮轮产业的发展预期，相关预测认为，2025 年中国邮轮游客量将回到疫情前水平，平均年复合增长率超过 200%。

二、顺应消费新趋势，推动行业价值重构

行业重构本质上是更好地适应市场结构性变化、消费行为变迁、业态复苏轮动等发展趋势，也是推动行业向"微笑曲线"两端高附加值、高控制力和高影响力环节延伸，探索新价值增长点的过程。

一是以产业深度融合衍生新的价值链。"为一场演唱会奔赴一座城"这些当下年轻消费者旅游选择的真实写照，反映出消费者的旅行需求不仅是看风景的基本需求，更需要精神和心理层面的价值满足。这也要求旅游业必须打开边界，在旅游产品设计和开发中，持续注入文化、历史、体育、研学、情感等能够丰富内涵、增强体验的要素，进而提升消费者的品质感、参与感和获得感。同时，产业融合也有助于各产业实现正向的相互赋能、相互带动。例如，周杰伦海口演唱会，4 天共实现旅游收入 9.76 亿元，是端午假期旅游收入的 3 倍，也带动海口国际免税城进店客流环比上涨 85%，成交金额环比上涨 124%，最终带动海南省的旅游收入的上升。这也是非常典型的文旅商融合案例。

二是以持续创新打造新的价值体系。我们深深体会到旅游业的创新要以客户为中心，从提升消费感知出发，构建从产品理念到商业模式等全链条创新。产品设计理念方面，要抓住客户群的核心关注点，增强产品的吸引力和满意度。例如亲子游产品，设计理念重在增进家庭亲情，银发游产品，核心在于行前、行中、行后的人文关怀，与老年人建立长期的联系。商业模式方面，以 ChatGPT 为代表的人工智能对很多行业产生重要影响，旅游业也亟待需要构建文旅大模型，建立景区、酒店等目的地资源与消费者更直接联系，使游客触达优质旅游资源更加便捷、有效，提高产业链效率。2023 年拼多多市值超过阿里，

成为中国第一大电商,旅游行业也需要模式创新,为广大消费者提供高性价比的产品和服务。

三是以国际化视角拓展新的价值空间。发展出入境游,尤其是入境游不仅是增进国际社会对中华文化了解和认同的重要方式,也是旅游市场增量机会所在。疫情三年,出入境游供应链基本断裂,正在重构中复苏。基础设施方面,要重塑和整合交通、住宿、餐饮、支付、网络等入境游链条上的关键环节,加大供给,让外国游客享受到出行的便捷。产品服务方面,要深入研究洞察外国游客的需求,打造适配性高的产品,提质升级国际旅游服务接待水平。旅游推介方面,要用外国人感兴趣的方式,通过内容创新视角创新,在适合的主流社交平台上加强宣传,增强来华旅游的意愿。

三、携手合作,共赢未来

我们身处一个普遍联系、彼此依赖的世界,企业提升核心竞争力,增强核心功能,不仅需要自身的努力,更需要广泛的合作。中国旅游集团愿依托自身全产业链优势,与业界共生共赢,共同推进旅游业高质量发展。

一是共同提升服务品质。2022年4月,习近平总书记在三亚国际免税城提出"以诚信经营、优质服务吸引消费者"的要求,成为中旅集团推动高质量发展的行动指南。集团持续提升管理能力和对客服务能力。免税业务打造"S(Super Service)店"优质服务品牌,在此带动下,部分店面的营收同比翻倍。景区业务发布4D服务标准体系,推出自然景区"浸享自然,探索生长"和度假区"SOUL"服务品牌,通过系统化重塑运营标准、服务规范等,提高服务品质,暑期接待游客同比增长165%,超2019年同期13%。下一步,我们将加大国货美妆的布局,并针对消费者个性化需求,开发定制产品,如通过一对一服务,为客人提供个性化的香氛产品,消费者可以拥有自己专属的"味道"。我们期待与上游供应商共同发展这些个性化产品,赋能人民美好生活。

二是共同推进文旅深度融合。2023年以来,我们不断加大旅游目的地的投资,签约了浙江淳安千岛湖项目,希望通过导入生态旅游、文化体验、时尚运动、度假休闲等高端业态,打造出内容丰富、色彩缤纷的"千岛湖不止于湖"全新形象;推出了沙坡头钻石酒店、帆酒店、橘若民宿等特色产品;创新了"旅游+动漫"新模式,举办了"撒马动漫节"等活动,都得到了不错的市场反响。"山水林田湖草沙"七大生态要素，每一种要素都可以打造成世界级旅游目的地，也是"绿水青山就是金山银山"的实践路径，希望能与各级政府部门和企业界同仁一起携手、共同推进。

三是共同构建行业生态。旅游业涉及面广、细分业态多，我们希望在大的生态下，开展更多专业化合作，提升产业链的核心竞争力。例如前不久，我们与携程、蚂蚁集团、远海国际、桂林唐朝国旅等企业，发出入境游协作联盟倡议，从入境游服务门户、境外卡移动支付、国内目的地海外传播、团队游服务品质等维度，推动入境游全链路便利化，提高外国游客游玩体验。再如，在上海市政府和国务院国资委支持下，我们正联合其他央企共同推动中国邮轮产业整合和邮轮产业的高质量发展。未来，我们希望将更广泛的资源、更丰富的产品、更优质的服务提供给产业生态链上众多的旅游企业和广大消费者。

在新时代的新征程上，作为百年企业的中国旅游集团愿与各级政府、合作伙伴、业界同仁并肩同行，把握历史机遇，共同创造旅游业更加美好的明天！

最后，预祝"2023中国旅游集团化发展论坛"取得圆满成功！谢谢大家！

推进专业化发展　共创可持续繁荣

张振高

华侨城集团党委书记、董事长

尊敬的杜江副部长，刘副市长，段强会长，戴院长，各位领导、各位来宾，大家上午好。非常高兴参加 2023 中国旅游集团化发展论坛。与这么多的领导、专家、企业家见面交流学习。非常感谢中国旅游研究院和中国旅游协会搭建这个平台，周密安排，让大家能够聚集在一起，为旅游产业的高质量发展出谋划策。

旅游业是国民经济战略性支柱产业，习近平总书记在党的二十大报告中提出，要坚持以文塑旅，以旅彰文，推进文化和旅游深度融合发展。历经三年困难的中国旅游市场正在强劲复苏，同时在诸多供给层面发生着深刻变革。此次探讨繁荣与重构的话题，正当其时，十分必要。借此机会，仅以推进专业化发展、共创可持续繁荣为题，谈谈我们对繁荣与重构这一主题的认识。

一、坚定旅游发展新信心

2023 年以来，习近平总书记在多个场合反复强调信心的重要性。信心赛黄金，只要有信心，未来可期。旅游业作为受疫情冲击最为严重的行业之一，在其恢复性发展阶段同时存在供给质量不高、需求韧性不足、融合程度不够、动力转换不快的问题。保持根据规律，保持战略定力，增强发展信心，显得尤为重要。一方面市场恢复重燃行业信心。随着社会经济恢复常态化运行，中央持续强化政策保障，国务院、文化和旅游部先后出台了《关于释放旅游消费潜力　推动旅游业高质量发展的若干措施》《国内旅游提升计划（2023—2025年）》等诸多文件，打出丰富产品供给、释放消费潜力、助企纾困等组合拳，推动行业预期持续好转，市场信心有效提振，旅游消费保持快速增长。前三季度，国内旅游总人次、居民出游总花费分别增长 76% 和 114%，恢复到 2019 年同期的 80% 和 85%。中秋、国庆假期更是双双超过了 2019 年同期水平。华侨城旅游业务也得以快速恢复，旗下景区 1—11 月累计接待游客 8354 万人次，同比上升 79%，已恢复到 2019 年的 115%。出行旺、消费热、旅游火、市场持续快速复苏。充分展现出我国旅游产业的强大生命力。另一方面，旅游产业动能强劲，大有可为。旅游被誉为永不落幕的朝阳产业，是幸福指向产业，消费驱动产业。根据马斯洛需求理论，人们在温饱基本需求得到满足以后，会更加注重精神层面的享受。随着老百姓收入提高，旅游消费也将逐年增加，在居民消费和可支配收入中的占比呈上升趋势。我国正加快构建新发展格局，大力发展旅游业，对于畅通国内大循环，促进经济增长，具有持久拉动力。

我国 14 亿多人口，人均 GDP 超过 1.2 万美元，有世界上最有潜力的超大规模市场，旅游业发展长期向好的基本面没有改变。旅游消费提质升级的大趋势没有改变。根据世界旅游理事会预测，到 2032 年，中国将成为全球最大的旅游市场，我们坚信，中国旅游产业必将乘风破浪、持续前行。

二、直面旅游产业重构新课题

在繁荣复苏的背后，旅游业面临着产业链变革与重塑的挑战，正处于宏观经济调整期、行业疫后修复期、企业改革创新期相互交织的关键期。产业重构势在必行，需要我们共同面对，共同发挥出更积极的作用。一是旅游消费力下滑，市场对消费降级的担忧与日俱增，特种兵旅游，CityWalK 等新型旅游方式兴起，消费降级、市场旺丁不旺财的现象也还是比较突出。行业普遍面临游客接待量和营业收入增幅背离的困境。从文旅部的数据来看，2023 年中秋、十一双节的出游人次比 2019 年同期增长了 4.1%，但是单日人均花费跌了近 4 个百分点。二是旅游投资乏力，随着房地产等传统驱动力下行，旅游企业投资能力下降，大旅游、大开发、大项目的增量时代接近尾声。但新的可持续滚动投资模式仍未成型，传统景区也面临内容陈旧、设施老化、吸引力减弱和产业带动力下降等问题。此外，旅游高峰和淡季低谷冷热不均，长假出游高峰既影响游客消费体验，也给旅游基础设施带来比较大的压力。同时也打乱了旅游企业经营节奏，对旅游企业规划投资方向、确定投资规模也带来一定的困扰。三是旅游市场内生秩序亟需重塑，相比其他更成熟的企业，旅游行业还需要成体系的管理技术和更有机的产业分工格局，从旅游规划不科学、旅游投资低效能、大小企业同质化竞争、行业重复性创新等问题，深刻影响着旅游业的可持续发展。制约了旅游企业的产出效率和市场竞争能力。

三、坚持走专业化发展新道路

旅游向来有一业兴、百业旺的特点，我们在深圳华侨城旅游度假区、北京华侨城、上海华侨城、成都华侨城、深圳欢乐港湾等地多年来的旅游综合开发实践证明，除经济功能外，旅游还承载着改善民生福祉、增进社会和谐、促进文化繁荣、平衡区域发展、保护生态环境、提升地区形象等多元功能。我们深刻认识到，旅游是个长周期、高门槛、专业性很强的行业，既要抢抓机遇、敢于决策，也必须精研细查、久久为功。因此我们认为，旅游业的繁荣与重构，应坚定立足于专业化发展这一基点，在构建高质量发展能力上不断发力，为行业发展持续塑造新的动能。

第一，要树牢专业的发展理念，旅游承载着人民对美好生活的向往，肩负着提高人民生活品质的使命，是中国式现代化的重要组成部分。我们要胸怀国之大，不忘旅游为民、旅游报国初心，精准把握时代脉搏，努力创造更多优质产品和服务，满足人民群众美好生活需要，服务国民经济高质量发展。我们要坚持市场化发展方向，敢于面向市场、接受市场挑战，在激烈的市场竞争中锤炼本领，发展壮大，做到向市而生，自主平衡，独立发展，着力增强自身造血能力和核心竞争力，告别对外部补偿模式的路径依赖。

第二，培育专业的市场主体，市场主体是行业主体的动力之源，无数的案例证明，有强大的市场主体引领带动，行业发展才能根深叶茂、基业长青，我们华侨城内部提出要打造更可持续发展的专业子公司，着力构建旅游业务两核三维多点的新发展格局，围绕主题公园、自然人文景区两大核心，深耕旅游科技、旅游酒店、特色商业三个维度，在全国范围内打造一批优质文旅项目，培育一批行业细分领域的排头兵企业，推动华侨城旅游业务做强做优做大。

第三，构建专业的投资体系，在以往发展模式中，旅游综合项目普遍投资较大，回收期长，无论是投资回报还是可持续经营上，都面临很大压力，随着形势变化，继续探索更为灵活的投资策略，既能兼顾短期回报和长期收益，又能统筹好社会效益和经济效益。以实现项目可持续、高质量发展。在新的发展时期，我们华侨城集团强调，旅游投资必须坚持长期价值主义，持续研发、精准布局，充分论证，科学搭配，把握节奏，务实运营。切实避免以宏观观察代替微观分析、用表面概念掩盖深层规律，把偶然案例当成成熟模式，拿局限能力整合综合资源的错误逻辑，提高投资的成功率，并能够为全社会提供更多更好的消费场景。

第四，要开展专业的创新实践，旅游是个常玩常新的行业，要以创新为第一驱动力，为行业发展开辟新路，面对旅游业发展新形势，我们要创新优质旅游产品和服务供给，深化文旅融合，积极挖掘和融入中华传统文化，结合各地非遗文创、民俗体验、美食文化、夜经济、体育健身等元素，强化民族文旅 IP 打造运营，创新推出具有市场引领性的新产品。我们要不断推进传统旅游景区更新改造，切实改善产品体验，增强区域带动力，在这方面我们做了一些实践，并持续作为下一步发展的重要课题。我们要创新多样化的引领模式，善用科技赋能，积极探索新技术与旅游的创新融合和应用。充分发挥旅游业海量数据和丰富线下景区、酒店等应用场景优势，大力挖掘旅游流量的经济价值，切实提高旅游业的经营效率和收益水平。

第五，秉持专业的合作姿态，专业化发展绝不是封闭型运行，而是更加强调开放合作，旅游业的繁荣与重构，需要全行业优势互补，协同攻关，共赢挑战，最终开启 1+1 大于 2 的长期共赢局面。

华侨城始终坚持打开大门搞发展，在项目投资、产品创新、人才交流、业务生态各个方面，秉持开放合作态度，希望与业界各位同仁共同把握发展机遇，共享发展成果，构筑共赢生态，努力做强做优做大旅游产业，更好地服务人民美好生活需要。

各位领导、各位来宾，在共同经历了危机洗礼之后，我们更加深刻地懂得，在世界百年未有之大变局加速演进之际，旅游业的发展前景仍然无限光明，面临的风险挑战也是前所未有的。以历史和辩证的长期视角审视，国家对旅游产业高度重视，人民群众对高质量文旅产品的需求十分强劲，我们作为旅游行业的重要参与者，必须担当起推动行业新发展的历史责任，作出引领行业高质量发展的历史担当。面向未来，我们对推动人民美好生活的初心从未改变，对旅游业持续向好发展的信心坚定不移，对致力推动发展旅游的决心毫不动摇，华侨城集团愿与各位同行一道努力，继往开来，砥砺奋进，秉持务实理念，推进互利合作，创造更多价值，回应时代关切，共同为未来旅游业高质量发展开创出更可持续、更加繁荣的生动局面。

最后，预祝本次论坛圆满成功，谢谢大家。

引领新消费 培育新场景
产品创新赋能文旅产业复苏与发展

白 凡

首旅集团董事长

尊敬的杜江副部长，段强会长，戴院长，各位领导、各位同仁，大家上午好。很荣幸参加 2023 中国旅游集团化发展论坛，在此，感谢主办方中国旅游研究院，中国旅游协会的诚挚邀请。我谨代表首旅集团预祝 2023 中国旅游集团化发展论坛成功举办，并向多年来一直关心支持首旅集团发展的各界人士表示衷心的感谢！下面我将围绕论坛主题，从首旅集团的实际出发，分享一下我对旅游产业复苏与发展的思考。

一、背景意义

文旅产业是经济社会发展的重要支柱，承载着人们对美好生活的向往。连接着企业的产品和居民的消费，2023 年消费提振年，整体旅游消费市场正处于稳中向好的发展态势。国家、北京市相继发布了关于释放旅游消费潜力、推动旅游高质量发展的若干措施。北京国际消费中心建设、2023 年行动方案等系统措施，统筹扩大内需和深化供给侧结构性改革，进一步推动和恢复扩大消费市场，中国旅游研究院做了大量经济运行分析和发展预测，为企业下一步发展提供了指引。疫情三年，彻底改变了大家的生活方式和消费习惯，居民消费形态由商品消费为主向商品和服务消费并重转变，年轻人的消费观念从消费主义向实用主义改变，文旅产业发展格局与居民文旅模式呈现出新的特点。北京作为政治中心、文化中心、国际交往中心、科技创新中心，文旅产业发展与国际消费城市中心建设相辅相成。在后疫情时代，如何精准把握消费趋势，如何把传统消费和新型消费塑造企业发展新动能、释放旅游市场活力和潜力，是实现文旅消费复苏与产业高质量发展的必由之路。刚刚闭幕的中央政治局会议为2024年的经济工作指明了方向，"明年要坚持稳中求进，以进促稳"，特别是进一步稳和进的关系，以进促稳似乎成了主基调。当前经济是结构性恢复，而非全面的恢复。主要是靠服务业、高端制造业带动。坚决防止经济增长滑出合理的区间，为实现前进的目标不断创造更加有利的条件。着力扩大国内需求，形成消费和投资相互促进的良性循环，就成为了2024年的一项重要的着力点。旅游消费将进一步被激活。

二、首旅实践

首旅集团是以旅游商贸服务业及相关产业为核心的战略性投资集团，也是北京市首家国有资本投资公司的试点企业，承担着首都旅游商贸服务业产业集聚和转型升级的重要使命。集团共有150余个品牌，拥有首旅酒店、王府井、全聚德三家上市公司，十四五时期，集团明确围绕主业优化国有资本布局，打造品牌＋资本＋技术三大核心能力，战略布局文娱、商业、住宿、餐饮、出行五大战略业务单元，布局内容、服务战略业务单元。最终构建5+1+1的产业业务新格局。

文旅战略业务单元，所属景区及度假区持续升温，外地游客量不断提升，入园游客屡创新高，所属旅行社通过丌拓外部市场，发展战略合作，整合优势资源，持续打造升级旅游＋系列产品，努力形成特色的融合品牌和转型升级。商业战略业务单元，创新主题营销，打造品牌形象，发力线上运营，经营全面激活。住宿业务单元，提速发展中高端酒店，存量酒店升级，业绩大幅提升，蝉联中国饭店集团前三。餐饮战略业务单元，抢抓机遇拼市场，强化运营促提升，实现强势复苏。出行战略业务单元，聚焦主业发展，优化运营体系，提升服务品质，营业收入同比大幅增长。

2023年首旅部分企业的实践。北京环球度假区2023年推出了首个夏季限定体验，全新娱乐演出"环球酷爽夏日"积极打造多功能喷泉舞台，搭配了巨型水泡、巨型喷水枪和充气球等多种娱乐装置。大黄蜂等众多备受游客喜爱的环球明星角色亮相舞台，游客在沉浸式玩水派对中享受动感节拍。在充满活力的狂欢现场尽情释放夏日激情。大家知道环球是在疫情期间开业的，2021 年 9 月 20 日盛大开园，2023 年是开园后第一个完整的年份。环球的运营项目亮点纷呈，陆续推出了环球生日月、精彩环球、冬季假日等活动，有效带动了区域旅游消费市场。城市大道入选了文旅部国家级夜间文化和消费集聚区。环球让整个通州晚睡了三个小时。北京野生动物园集自主创意、设计、运营于一体，倾力打造创新体验项目小熊猫花苑已经成为动物园展区的新标杆。展区整体装饰风格采用了中国特有的仙侠风，展区内有 18 只可爱的小熊猫，取名、空礼、长飞、星风等，这些诗情画意的名字迅速得到了广大游客的关注和喜爱，小熊猫花苑展区自开放以来，累计接待游客 400 余万人次，成为北京野生动物园网红打卡的首选之地。全聚德助力北京中轴线申遗，集中国文化和京味饮食文化为一体的全聚德中轴食礼体验店盛大开幕，是全聚德集团跨界融合主力门店转型升级的新尝试，推出了富有中轴线特色以及全聚德文化的美食礼物。食礼中轴也是美食礼物的概念，是最具特色京味的厚礼。中轴食礼体验坐落在中轴线上唯一的商业街区前门大街，整体装修设计以中轴线为设计灵感，店里是中国传统吉祥海棠纹装饰，新式传统美食和家具，彰显着中轴文化与全聚德品牌文化的相得益彰。中轴食礼凭借着独特的文化属性和经营特点，在商务部举办的第三届中华老字号创新发展大会上评为中华老字号守正创新十大案例。为全面展示百年老字号所蕴含的传统文化和非遗文化价值，由东来顺集团诠释的话剧《西去东来》于 2023 年正式展演，这台大戏在社交平台上引起热烈反响。《人民日报》《光明日报》等 200 余家媒体进行了报道，转化流量达到 5000 余万次，并被北京市委宣传部定位"大戏看北京"开幕式剧目。同时积极选址开设门店，东来顺品牌 C 类店有别于小火锅的新品类，主要针对 18~35 岁的年轻消费群体，主营产品为烧烤、下酒菜主食等，烧烤能源采用木炭方式，装修风格是简约凤尾竹。伴随着全新的 IP 形象，来来羊、康小旺等使店铺更加年轻化，得到了年轻人的一致认可。

三、几点思考

基于不同的战略规划、业务构成，人才队伍等因素，每家企业都要探索适合自身的发展经验。主要思考：一是创新夜间经济业态产品结构，目前夜间产品和服务多以餐饮和购物为主，缺少体验感和参与度强的产品类型供给。要通过食宿行、游购娱多要素的资源融合，打造更多小而美夜间网红地标景点，带动周边景区的人气和活力。二是推动数字技术和实体经济深度融合，在科技创新和数字经济变革的推动下，文旅项目要顺应多元化、个性化的消费需求，重点关注家庭、亲子、Z世代等客群，积极培育融入VR、XR等科技元素的新业态和新模式。推出特色鲜明和多元化的高质量产品。三是打造优质本土文旅IP元素，在后疫情时代，文旅产业复苏的风口要利用好本土文化，深度挖掘打造本土文旅IP，同时引进更多全球优质IP，未来的消费趋势一定是观光型转向度假型，而且需要汇集更多的IP元素，提供更优质的服务，呈现更丰富的场景。

首旅集团将立足于引领北京旅游商贸服务业发展的核心载体功能定位，一如既往践行国有企业的政治责任和社会责任，在数字化转型、智慧服务与赋能、提升品牌影响力和市场影响力等重点领域，开展积极的探索，着力植入新场景、新产品、新消费等元素，高质量打造精彩生活方式服务商标。用足用好政策红利，在政府引领下以市场为导向，深入挖掘消费者需求，结合文旅产品的融合创新动能，提升产品竞争力，助力文旅消费复苏和产业高质量发展。

谢谢大家。

持续增强韧性，迈向新的繁荣

孙 洁

携程集团首席执行官

尊敬的杜副部长、刘副市长、段会长，各位同行、各位朋友，大家好！

我结合本次论坛"繁荣与重构"的主题，重点向大家汇报三方面情况。

首先，简要介绍一年来携程的发展。过去一年来，全球旅游市场强劲复苏。在夏季高需求的推动下，中国旅游市场显著反弹。受益于这两大趋势，携程的业务呈现明显复苏和振兴。相信同行的数据也同样可喜可贺。

2023 年，我们将可持续发展作为长期增长战略，在环境友好、社区友好、家庭友好以及相关方友好四个方面，积极创新，不断进取。我们大力响应国家"30、60 双碳目标"，采取了几十项重大措施，将可持续旅行产品纳入航班、汽车租赁和商务旅行等各种产品线。我们与 1500 家酒店合作，创新推出"携程低碳酒店标准倡议"，吸引了超过 1600 万用户选择这些低碳产品。我们深入推进"乡村旅游振兴"战略，推出近 30 个高端乡村住宿标杆产品—携程度假农庄，带动当地人均年收入增长超 4 万元，让更多乡村居民创业、就业不离乡。我们身体力行家庭友好，拿出 10 亿元，对员工实施生育补贴计划。每个员工生育孩子给予 1 万元生日礼金，持续至孩子 5 岁，以支持员工实现工作生活平衡。我们建立了企业社会责任管理体系，有序推进公司各项社会责任工作。

总之，我们很高兴携程能助力"满足人民日益增长的美好生活需要"，很自豪携程能为中国式旅游现代化做出贡献。展望未来，我们对市场前景发展保持乐观信心。

其次，从全球看旅游业仍是最好的行业。

据携程与世界旅游及旅行业理事会（WTTC）联合发布的全球旅游业形势报告显示，2019 年旅游业贡献了全球 GDP 的 10.3%，并支持了 10% 的就业岗位。虽然疫情期间遭遇重大打击，但风雨之后见彩虹，2022年全球旅游业开始强劲复苏。据联合国世界旅游组织（UNWTO）数据显示，2023年1—7月，国际旅行人次已恢复到疫情前的84%，达7亿人次，比2022年同期增长了43%，其中7月最为繁忙，国际旅行达到1.45亿人次。预计到2023年年底，国际旅游有望恢复至疫情前水平的95%。

回顾疫情，展望将来，旅游行业何去何从？这是我们每一个从业者必须回答的首要问题。我们坚信旅游业仍是最好的行业，非常同意联合国秘书长古特雷斯2020年所说"旅游业本身就是世界奇迹之一"。

旅游业始终是战略性支柱产业。旅游业是全球最为重要的经济行业之一，产业链很长，直接间接带动的产业有100多个，具有很强的产业关联性和带动效应。据UNWTO测算，旅游收入每增加1元，就带动相关行业增收4.3元。据携程与WTTC联合预测，未来全球旅游业有望以每年6%左右的速度增长，而全球GDP增速预测为2.7%。到2032年，旅游业增长会在全球转化为1.26亿个新增工作岗位。

对于中国旅游业的发展，我们还要更乐观。纵观世界度假旅游的发展规律，在人均GDP迈上1万美元的关口之后，旅游业往往找到新的更大发展空间。居民在吃穿住用等必需品消费得到满足后，必然会增加在娱乐、体育、旅游等高消费弹性领域的消费。我们测算过，如果中国的GDP增长率在4%~5%，旅游业的增长将超过GDP，达到8%~10%。

同样重要的是，旅游业是国家的重要公益性事业。旅游业的发展会带来社会经济、文化、创新等一系列的改善和提高。国际上公认，旅游业是推动实现2030年可持续发展议程、落实可持续发展目标的关键支柱。旅游业每增加1个直接就业，社会就能增加5~7个就业。旅游业是典型的低碳经济，可以实现对自然资源的持续利用。旅游消费的过程是中高收入层向相对低收入阶层的财富转移过程。

基于上述，我们坚信旅游业是一个充满希望，持续繁荣的朝阳产业。同时，旅游业必须增强韧性，提高抗风险能力。

有学者把韧性概括为"三个力"，即增强抵抗力、提升恢复力、培育进化力。疫情期间，携程秉承"客户第一、合作伙伴第二、携程第三"的原则，推出一系列措施：我们出台安心取消保障计划，累计退订交易额1000亿元，保证客户第一；我们雪中送炭，多次向小微旅游企业伙伴提供了100亿元小微信贷、

20亿元自然灾害基金、10亿元"同袍计划"资金，还为供应商垫付了50亿元资金。我们开创携程"BOSS直播"，累计预售GMV超过100亿元，带动行业积极自救，和伙伴们共渡难关。

携程推出这些举措，就是要千方百计增强行业的韧性。回过头看，我们和伙伴们的努力是有效果的，一定程度增强了行业的抵抗力，提升了恢复力。

上述举措只是增强旅游业韧性的一小部分，我们需要做的还有很多。联合国大会将每年的2月17日定为"旅游业复原力全球日"，推动发展具有复原力的旅游业，以应对各种冲击，也是很好的做法。我们都积极支持。

在培育进化力、持续创新方面，我们认为人工智能是重要方向。随着技术的进步，特别是ChatGPT的出现，人工智能开始在旅游业大显身手。在人工智能帮助下，旅行变得更加便捷。携程已经推出一系列人工智能工具来完善旅行预订体验。2023年7月，我们发布首个旅游行业垂直大模型"携程问道"。运行半年来，"携程问道"已成为优于基础大模型的AI旅行助手，从内容角度开启了一次新的旅行服务变革。自2023年年初推出人工智能相关服务以来，我们的订单转化率有了显著改进，同时也提升了客户满意度。人工智能使用文本和语音准确处理大量查询，帮助海量客户实现自助服务，大幅增强了服务体验。我们初步感觉，人工智能很可能会成为旅游行业发展的又一重要里程碑。

最后，我向各位领导和同行提个倡议，咱们一起抓住机遇，齐心协力做强入境游。

我们高兴地看到，入境游面临难得机遇。在文旅部牵头协调下，上上下下都高度重视入境游。政府推出了一系列利好入境游的重大措施。比如，11月24号外交部宣布，单方面对法德意西荷马等六国实施入境免签，在国内外反响良好，既彰显大国自信，又带来实质性改善。根据国家移民管理局统计，12月1—3日，6国共有近1.8万人次入境中国，日均入境人次较11月30日增长39%。其中，有近7000人次是通过免签来华，占到六国入境总人次的39%。一些部门围绕解决入境游的难点、堵点，正频繁找行业企业调研。我们期望有更多、更大力度的利好措施尽快出台，让这个冬天成为入境游的"暖冬"。

还要看到，2023年我国的入境游恢复尚不尽人意。从预估数据看，入境人数不容乐观：上海300万人次，北京120万人次，约为疫情前2019年的1/3。而环顾周边，各国都在抢跑入境游：中东、卡塔尔、阿联酋、沙特提供免签，航班翻番，入境后提供免费SIM卡；泰国5个月免签；迪拜、新加坡入境过关完全自动，无需填表，无需过人工通道，得到全球好评；我们的近邻日本，在中国赴日游客恢复量不到 1/3 的情况下，日本入境旅游恢复到疫情前 96%；其他邻国也在积极推动入境游。

我们积极配合政府，通过入境游，向世界讲好中国故事，让世界人民喜爱中国，向往来中国旅游。中国是非常值得向全世界推荐的旅游目的地。我们有规模化的现代化城市，有世界上最丰富的自然风光，有先进的科技发展业态，有国际水准的高星酒店群和交通基建。携程愿继续与社会各界共同努力，做大做强入境游。建议大家齐心协力，从三个方面加大努力。

一是持续提升入境便利度。建议政府部门继续本着问题导向、结果导向的原则，及时出台更多入境便利化举措。同时，同行们一起发力，发挥各自优势，让全球游客入境中国更便捷更顺畅。二是集中海外资源，助推国家旅游宣传。我们将和政府、行业一起，以"你好！中国"国家旅游形象发布为契机，向全球传播好中国形象。欢迎大家都参与进来。三是进一步整合中国旅游特色产品，增强入境旅游体验。建议大家各尽其长，打磨、推出更多体现中国特色、符合外国人游览习惯的产品和服务。

我相信，2024 年的入境游成绩单，一定会更加抢眼，更加亮丽。

谢谢大家。

文旅——毕生的事业

俞发祥

祥源控股董事长

尊敬的杜江副部长，段强会长，戴斌院长，各位来宾，大家上午好。

感谢文化和旅游部及中国旅游协会、中国旅游研究院给祥源这个机会，让我们有幸承办这次业界盛会。文旅是祥源集团董事会、股东会确定的长期不变的主营业务，也是我一辈子的事业。不管环境、形势发生什么变化，祥源始终在执着认真地做文旅。借此机会，我向大家汇报祥源做文旅的几点思考。

第一，祥源选择的文旅，时代造就了祥源。文旅是新时代的领头行业，也是未来有确定性的行业。当下的环境经济下行，充斥着巨大的不确定，在巨大不确定中可以找到一点小确定还是幸运的。祥源集团经过多年思考得出结论，从经济学角度讲，中国近几十年发展经历了对外改革开放、城市更新、互联网数字经济几波大潮，赚快钱的时代过去了，而文旅行业在做到精准投资、精细化运营以及产品不断创新的条件下，是一个能长期稳定经营、持续盈利的领域，是下个时代最有综合价值的行业。因此，祥源选择了文旅这条道路，就是精打细做，努力做成百年老店，力求实现让中国游客轻松愉快玩遍全球的宗旨。国家的各项政策都支持恢复和扩大需求，这是当前经济持续回升向好的关键所在。越来越多的地方政府将文旅产业作为战略支柱进行倾力发展。比如江苏省提出十四五期间文旅产业要投资上万亿元，陕西省提出 2025 年文旅产业收入突破 1 万亿元，杭州要在 2025 年实现文旅产业增加值占 18% 以上，等等。巨大的产业发展空间以及未来随着人工智能的发展，人们将有更多的时间投入到文旅活动当中，也让我们更加有信心，在这个伟大的时代，这快速增长的赛道上，文旅前景十分广阔。从社会角度来讲，文旅触碰人类心灵健康和积极交往，小到提高个人修养，增进相互理解，促进家庭和谐，大到推动文明交流，促进和平发展，文旅一直在发挥难以衡量的作用。对于消费者而言，文旅是娱悦身心、改善心理状态的最佳方式，是当代精神生活的首选。所以，祥源很幸运选择了文旅这个既带来经济价值又能创造社会价值的行业，祥源通过近16年文旅主业的发展，投资文旅300亿元以上。即使三年疫情期间，我们也投了50亿元。这期间我们重塑了主板上市公司祥源文旅，可以说我们始终坚信人民美好休闲生活的阔步发展，坚信文旅的未来价值。

第二，祥源砥砺前行，不断探索底层逻辑，祥源已投资运行了40多个文旅项目，遍布全国14个省，覆盖世界遗产地6处，国家5A级旅游景区10家，4A级景区16家，经过16年的布局发展，祥源形成了资源型景区升级，到四大产品的完整升级。对于项目发展，祥源更加看重能力建设，16年的探索和实践，祥源一直坚持投研建运四位一体的全链路能力建设。投资上，搭建上市公司、文旅产业基金，文旅Reits三大投资平台；研发上，早在2013年祥源就成立上百人的研究院，是我们的创新引擎，我们每年将营收的2%作为研发经费，持续投入在新产品、新业态上；建设上，以旗下上市公司祥源交建股份为核心成员企业，全品类的建设能力，我们拥有30项文旅建设技术发明和专利。运营为王，服务优先是祥源的经营之道，16年的祥源文旅发展，我们紧跟国家政策，储备了资源，积累了能力，洞察了消费行为，16年的文旅发展，祥源始终坚持全链路闭环、合作生态圈的发展路径，选择一条难而正确的道路。

第三，紧跟国家战略，积极贡献力量。祥源作为一家有社会责任感的民营企业，愿意为中国文旅产业的振兴、为国家伟大复兴贡献一点绵薄之力，我们将在政府和行业主管部门领导下，紧跟政策步伐。在带动产业发展、盘活存量资产、促进家庭幸福与社会进步等方面，干在实处，走在前列。经过多年实践探索，祥源形成了系统能力，全面解决了文旅行业的诸多方法论问题，能够全方位系统性解决行业痛点和难点。让客户和政府少花钱、高效率实现文旅发展目标，让消费者既快又省体验到优质产品。同时祥源围绕大熊猫文化、茶文化两大全球化IP，重点打造目的地产品和全新消费场景，也将在中国文旅产业国际化道路上积极贡献自己的力量。我们国际化的愿景是2030年国内50、国际50的布局，即在国内50个目的地的基础上再投资50个国外目的地，年接待游客1亿人次以上，成为领先的文旅资产运营商。祥源以全面开放的态度，与兄弟企业开展交流合作，我们研发的系列产品，建立的系统能力，培养的人才团队，可以多种方式向大家敞开交流。昨天下午论坛上我们发布了2023祥源控股集团文旅发展战略报告，总结分析了过去十几年的实践与探索，请大家批评指正。

今后，我们将每年发布集团战略，持续为行业提供一点小的建议。天下文旅是一家，我向大家发出诚挚邀请，到祥源文旅各个项目考察交流。

谢谢大家。祝大家身体健康。

以"五个重构" 推进文商旅深度融合发展

梁凌峰

岭南商旅集团党委书记、董事长

尊敬的杜副部长、刘副市长、段会长，各位领导、各位同行，大家上午好，很荣幸收到这封穿越 15 年的来信，再次受邀参加中国旅游集团发展论坛。15 年来，论坛树起行业发展风向标，成为业内新老朋友一次次思想碰撞的盛会。岭南集团有幸见证了论坛蓬勃向上的力量，始终与国家战略、行业发展同频共振。感谢各位专家、各位领导、专家学者、业界精英一直以来给我们带来的启迪和帮助。下面围绕论坛主题我向大家做个分享汇报，请大家批评指正。

2023 年是中国旅游市场的转折之年，更是产业重构之年，在旅游市场强劲复苏态势下，挑战与机遇并存，压力与利好同在。岭南集团受益于政策引领、创新驱动、科技赋能和各界支持等多重因素，1—11 月旅游业营业收入同比增长 427%，酒店业营收同比增长 66%，春节五一、端午、中秋、国庆等假期业绩屡创新高，超过 2019 年同期水平。这一年我们保持热爱，聚焦创新，坚持五个重构，推进文商旅深度融合，走出一条转型发展之路。

一、重构品质新标准

市场复苏通道打开以来，旅游产品差异化，服务精细化和主题多元化特征更为突出。我们下足功夫打磨品牌标准，全面升级岭南服务。集团旗下"广州友谊"是继广之旅后第二个入选商务部 20 个全国诚信经商典型案例的企业，并入选中国百货商业协会商场导购服务十佳案例；广之旅入选文旅部 20 个全国文化和旅游标准化示范典型经验名单；白云国际会议中心蝉联中国会议酒店百强奖榜首，与年初承接运营的白云国际会堂，联合打造总规模超 40 万平方米的国际顶尖会议综合体，2023 年以来，承接投资中国年、中国海合会经贸合作论坛等国际性会议和重要政商务外事活动 70 多场次，特别是高质量完成了习近平总书记与法国总统马克龙非正式会晤和视察广东广州七天六夜的保障任务，得到了中外各方的充分肯定。通过这些工作，我们对 80 多项制度和流程进行了再优化、再提升，形成了一套国宾级接待标准和模式，锻炼了一支具有国际顶级会议服务水准的队伍。

二、重构战略新布局

新发展格局下，企业需要应势而变，从产业、功能、区域等角度，重构战略布局，进一步强韧性、增动能。我们始终保持敏锐的市场触觉，蓄能增势，重构产业链供应链，第一时间响应国际业务的重启。2023 年 2 月 6 日凌晨，广之旅组织了全国首个出境旅游团队，率先从广州出发飞往埃及，标志着我国出境跟团游业务在暂停三年以后正式拉开重启序幕。至今我们已推出 40 多个出境游首发团，覆盖 60 多个国家地区，数量规模成为全国排头兵。得益于双地战略、一主多元的产业体系，国内游、入境游市场也得到快速修复。广之旅在西安、山西、四川等地并购的分支机构创造营收超过 30%。推出入境游提振计划，广之旅海南特区国旅等成为当地入境游主要运营商之一。我们把重点项目建设运营作为补链强链拓链的重要抓手，全国拓展新增商业综合体、景区酒店、公寓、文旅小镇和商超近 100 个，入选本届论坛旅游城市优选合作企业 TOP10。岭南酒店拓展北京大兴机场酒店等多个标志性项目，广之旅策划运营鸣春谷鸟类多样性研学基地，贵州高档布依古寨景区，助推乡村振兴和百千万工程实施。我们与中国旅游研究院、澳门旅游学院深化旅游教育培训基地合作项目，在南沙花园酒店建立首个粤港澳合作技能人才评价工作站。

三、重构消费新场景

当前人们消费内容认同感、趣味可玩性、互动体验感不断升级，我们着力构建多层次、立体式场景，满足人们对新生活方式的需求和期待。广之旅深化走读城市主题活动，在全国多地推出 Citywalk 系列产品，常年推出走进非遗系列活动，广之旅的金牌导游和众多国家级非遗传承人陪伴游客在穿街过街过程中沉浸式领略在地文化和体验民族风情。广州花园酒店等六家酒店获评广东省金鼎级文化主题旅游酒店，入榜数量全省第一。我们创新利用酒店非标空间，打造遛娃节、帐篷音乐节、车尾箱集市等户外新场景，通过空间活化，为旅客带来时尚消费新体验。依托与中国旅游研究院共建的花园酒店博物馆，举办读书会、手工会、直播发布会等活动，探索酒店文旅场景多元化应用，开馆一年来，已获得超过3500万媒体曝光量，这里不仅是全国首家以住宿业为主题的博物馆，更是主客共享、近悦远来的所在地。

四、重构数字新动能

2023年是生成式AI的突破之年，我们紧盯科技视角下的行业趋势，积蓄文旅业现代化进程中的科技新动能。建设运营的数据与业务双中台，从数字化向数智化进阶，实现多业态数据整合，智慧化双向赋能；旗下主要企业上线会员联盟，实现会员业务数据化，极大提高集团会员资产总体价值和扩大全国千万会员的权益池；组建岭南商旅科技公司，推动集团1—11月线上销售额同比增长90%；广州友谊等多家门店入选国家首批全国示范智慧商店。

五、重构融合新生态

当前旅游＋在更广范围、更深层次、更多领域快速发展，释放出巨大潜能，我们充分发挥吃住行、游购娱一体化产业优势，以跨界合作、产业协同全力打造泛文商旅生态圈。与南航集团、新世界发展、北大荒集团等深化战略合作，并在共建"一带一路"倡议提出十周年之际，拓展沿线国家和地区业务，2023年更成为国家级展会海丝博览会的总统筹服务保障单位；与广州市博物馆联袂持续打造粤宴中国、消失的名菜第三季粤有私宴，荣获国民主题特色消费创新案例；与广州出版集团合作出版图书，获评全国年度最美的书，还将走出国门，前往德国参评世界最美的书评选；利用集团全国布局，覆盖全球业务网络资源配置能力，旗下商场酒店引入首牌、首发、首店超过30%，广百、广州友谊等6间商店入选首批10间广州试点离境退税即买即退名单，广百之夜、广州友谊国际时尚节等成为文商旅融合的品牌活动，也是讲好中国故事、传播岭南文化的独特载体。我们所有的重构都是基于集团战略愿景，致力品质服务，成就美

好生活。

最后，我想用岭南集团的"品质、创新、诚信、勇毅、共享核心价值观"结束报告，这五个词语朴素而明确，是岭南集团作为旅游国家队聚焦消费需求、回归市场逻辑、坚守价值经营的精神表达、商业态度和进取追求。

经历风雨岭南仍少年，恳请大家在一起向前的道路上，给我们更多的指导、支持和帮助。为满足人民对美好生活的需求，为行业更加灿烂的明天，携手奋进，最后预祝本次论坛圆满成功，谢谢大家。

新时代文旅集团　高质量可持续发展

陈　忠

湖北文旅集团党委书记、董事长

　　尊敬的杜副部长，段会长、戴院长，各位来宾、朋友们，大家上午好，非常感谢中国旅游研究院的邀请，很荣幸作为地方的文旅集团参加本次论坛。疫情之后文旅行业正在呈现史无前例、前所未有的巨大变化和深度的变革。我们所面临的许许多多、方方面面的问题确实需要做深层次的研究和探讨，无论是制度性还是结构性，无论是政府层面还是企业层面，等等。本次论坛会议主办方以繁荣与重构为主题，具有时代意义，切合行业的心声。非常感谢主办方的精心谋划。

　　最近有两个方面的现象值得我们深入关注，一方面是旅游在消费端市场呈现历史性的火热。2023 年旅游市场呈现出历史上空前繁荣的景象，创新文旅产品不断破圈，各大景区爆量，使文旅发展呈现势如破竹，各类文旅行业引爆了消费市场的复苏。各级党委政府重视文旅的程度达到了前所未有的高度。湖北省委省政府也进一步加大对文旅资源的整合，2023 年再次将天下第一仙山湖北道教圣地武当山和以纤夫文化闻名的神农溪两家 5A 级景区划给我们，这是我们文旅集团直接管理的，包括 7 家 5A 级、16 家 4A 级在内的 40 余家景区。2023年前 11 个月，集团游客接待量和文旅收入在 2019 年历史峰值基础上翻了一番，其他兄弟文旅的情况也大致如此。另一方面，旅游在资本市场端遇冷。在旅游市场巨量复苏的情况下，最近有很多民营企业找到我们，寻求合作、出售、转让资产，而且近几年，资本市场对文旅企业越来越持高度的审慎态度。疫情三年来，除了一些疫情之前的 IPO，旅游企业 IPO 几乎全部折戟，再没有旅游企业可以在资本市场成功上市。我们集团旗下的一个公司，在交易所沟通了三年半，最后还是选择了主动撤回 IPO 材料。上周我们再次到北交所进行沟通，还是反馈不太符合北交所的定位。同时我们也听闻近期资本市场还有一批企业，包括我们最近所了解的东呈集团、老乡鸡这些吃住的大旅游地标也陆续被劝退，这也引起了我们强烈的反思。我们这种旅游业投资急需资本市场的支持，但是为什么始终难以得到资本市场的青睐。我们的出路何在，投资和引入投资的逻辑是什么？结合这两个方面的问题，旅游集团应该如何实现高质量发展，特别是可持续的发展，我想给大家汇报三个个人见解。

一、旅游集团高质量发展要回归企业本质

旅游集团化发展已经是大势所趋，从旅游集团这个行业属性看，应当坚持经济效益和社会效益并重，这也是旅游集团，尤其是国有旅游集团的担当和使命。同时，企业的经济属性要求我们要科学优化配置资产和资源，市场化运营好资产，解决好存量和增量的发展关系。一是市场化改善资产轻重配比结构，国有企业要满足人民群众发展升级的多样性，大规模的美好生活、旅游产品的供给，普遍投资大、投资猛、体量大，但从目前行业数据统计看，我国大文旅总体的资产保值率不到 1%，这样的投资回报率，单纯从市场来看，要持续发展非常艰难。未来要通过市场需求导向的科学有效投资来改善存量投资结构，一方面仍然需要通过高效的自然配置解决旅游的重资产平衡。另一方面，在平衡上更需要进行创新提升，通过旅游跨界的综合开发，改善存量投资结构。二是要真正实现市场化机制运营，旅游类上市公司为我们做了很好的典范。基本的就是在运营端的市场化和轻资产化，从估值看基于轻资产的旅游企业明显受到资本市场的欢迎。对于我们已经投了大量的重资产文旅企业而言，需要充分利用好我们自身的景区目的地资源，在目的地运营的新业态开展投资合作，通过轻资产的证券化和资本化获得股权的增益，用于补充重资产的低回报。最近我们湖北文旅集团也在全力推进三级管控改革和轻重分离，主要的目标都是通过一级管资本，二级管资产，三级管运营的机制和轻重分离来实现资产端专注重资产科学有效的配置，经营端专注经营本身，用合作联营的方式与市场主体合作，把运营交给市场选择。尤其是强化运营能力强的民营主体的合作，放大运营效益，从而实现资产的高价值转化。三是要聚焦存量资产的盘活增效，旅游行业 2023 年的确存在大量的闲置资产，当前国家层面和各级政府都在大力倡导闲置资产的盘活，我们既要积极接触一些优质的外部景区进行经营上的嫁接，让景区之间线条化，丰富延长旅游消费，也要让有特色的景区全面迎接研学体

旅康养业务，从而实现不同景区间的错峰转化。

我们也在尝试对内部不同量级的资源重新设计互补化的新产品，植入主题内容，整合激活闲置资产，创造增量。文旅行业自身的公益性和半公益性性质决定离不开政策的支持，我们还是要努力呼吁政府各级部门，特别是资产市场等各方面，给予我们支持和呵护。于资源层面给文旅行业合理的发展空间，资本市场层面给予文旅企业合理的放开限制，融资层面从中央债券、地方专项债等给予一定的倾斜。

二、旅游集团高质量发展要坚持跨界融合

旅游集团一定要做产业，而且要全链条化，应该包括吃住行、游购娱各方面，甚至包括制造业、装备业以及金融业的领域系统，我们应该坚持旅游集团各业态的相互融合互补。首先，跨界融合才能满足消费新需求，游客对跨界文旅产品的需求已经深入到方方面面，对于推陈出新的渴望极强。人们期待更多的吃住行、游购娱、商养学跨界融合产品。其次多业态的重组才能构建经营的新格局。做好"旅游+"文章，通过跨界融合提升综合价值体现，从而实现1+1＞10的社会效益和经济效益。最后，跨界融合要以商业模式创新引领，要从商业模式等各个方面进行重新构建，通过重资产的底层资产提供基本的公共服务，通过市场化的方式增加创新二销，包括一些个性化的定制模式。

三、旅游集团高质量发展要科技创新赋能

无论是传统业态还是新型业态，无论是对于年轻人还是老年人，产品的个性化、定制化、科技化，都是必然趋势。一是将科技创新融入旅游产品，借助AR、VR、MR等技术方法，在艺术理念的指导下，推动旅游与多产业的跨界融合。二是用科技创新治理好旅游企业，科技创新是实现文旅行业以及文旅企业未来高质量发展的战略布局和有力支撑，解决传统文旅行业管理滞后的痛点，实现管理效益和效果的大幅提升，要向数字化、网络化、智能化转型。三是要借科技创新找寻新的方向，用科技创新的思路与合作引进研发等方式，打造新的消费场景、消费产品和消费平台。创造新业态经济效益，争取资本市场的认可，实现科技成果的资本化和证券化。

以上是我的一些认识，不对之处请各位批评指正，最后我们诚挚的邀请各位朋友到湖北考察旅游，疫情之后气象更新，文旅焕发出浴火重生的蓬勃生机。

英雄的湖北，英雄的武汉等你们到来，世界一流的湖北武当山、神农架大峡谷、长江三峡、黄鹤楼等诚邀大家的到来。最后，预祝本次论坛圆满成功，谢谢大家。

建链、强链，引领产业高质量发展

郑　蓓

上海锦江国际旅游股份有限公司首席执行官

　　尊敬的杜副部长，段会长，戴院长，各位企业家朋友，各位来宾，大家上午好。很荣幸受邀参加本次活动，与众多行业翘楚共话未来。感谢中国旅游研究院和中国旅游协会精心搭建的交流平台，在此，我谨代表锦江国际集团以及文旅旅游预祝本次论坛取得圆满成功，并向在场的所有嘉宾致以诚挚的问候。

　　经历三年的疫情，旅游业受到重创，但旅游从业者始终保持信心，踔厉前行，在困难中探寻出路，在危机中寻找生机。疫情中，旅游业的复苏既是因为旅游业者的坚韧也得益于旅游业的不断创新。锦江是具有 88 年历史的中国民族品牌，秉承集团化旅游产业链发展战略，锦江持续强化酒店、旅游、客运三个核心主业板块，持续推进金融、城市服务、餐饮等相关产业深度融合、同频共振。现在已经成为中国规模最大的综合性酒店旅游企业集团之一。近年来，我们围绕国家走出去战略和上海市委、市政府对于集团的战略定位，深耕国内，全球布局，跨国经营，着力构建以酒店业为主、多产业协同、旅游产业链可持续发展的生态。截至 2022 年年底，集团投资和管理的酒店规模超过 1.5 万家，客房数 142 万间，分布世界 120 多个国家，会员总数 1.9 亿，跻身全球第二位。其中锦江海外酒店 1800 多家，在"一带一路"国家有 800 多家。锦江集团拥有锦江酒店、锦江国际、昆仑、锦江都城、康博、维也纳等 40 多个酒店品牌，覆盖奢华甄选、高端甄选、精品优选和简约智选四大品类。2023 年 9 月，集团携下属丽笙酒店集团推出全新的业务架构锦江丽笙酒店复合品牌，将中国民族品种的文化底蕴和国际品牌的知名度深度结合，进一步激发海内外市场协同效应。

　　集团下属锦江汽车拥有 1 万多辆客车，接待能力名列华东地区前茅。锦江金融开展募投建管退全生命周期的资产管理，以及全产业链的金融服务业务，为集团主业赋能。锦江城市服务作为集团的创新业务板块，致力于打造一流的城市服务系统供应商，全面参与自贸区、临港新片区和上海五个新城的建设。锦江旅游板块作为中国旅行社上市第一股，锦江国际集团的主业板块之一，经过战略梳理，重塑愿景和目标，以打造全国领先的文旅会展综合服务商为引领，全面运营锦旅控股、上海国旅、上海中旅、上海旅行社、锦江会展等国内知名旅行社和会展企业，致力于全国布局和服务能力提升。锦江旅游聚焦旅游服务、会展商旅和文旅目的地发展三大主营业务，旅游服务业务板块以高端、精品、定制为导向，做大国内旅游、入境旅游、出境旅游和研学旅游四个业务市场，尤其要提入境旅游板块，我们将全力投身上海打造中国入境旅游第一站的伟大任务，保持原有欧美区域传统优势的同时，充分利用免签、口岸签证等有利政策，依托集团遍布全球的酒店客源和销售网络，三管齐下，在产品创新、销售前移、驻华外国人都市旅游业务开发等方面，争取实现重点突破。会展商旅业务板块，以数字化为手段，集成会议展览、奖励旅游、差旅管理、大型活动等政府及企事业客户需求，提升一站式服务能力。文旅目的地业务发展板块，我们将积极参与旅游目的地景区开发和运营服务，加速打造锦江文旅新的增长点。

新时期，集团明确提出从建链到强链的战略升级，要以旅游引领集团产业链发展。旅游是一种生活方式，我们要围绕满足人民群众美好生活需要、推动集团产业链发展。2023 年国务院办公厅推出《关于释放旅游消费潜力　推动旅游业高质量发展的若干措施》，文化和旅游部《国内旅游提升计划（2023—2025 年）》等政策，都是推动旅游产业发展的重大利好政策。也为我们集团化发展指明了方向。我们要加速把政策红利转化为实效发展。旅游产业的综合性充分体现在锦江国际集团产业布局的各个板块，加强产业协同，发展形成旅游产业链，将有力优化资源配置，提高综合竞争力，带动集团各业务板块快速发展。锦江旅游将不断提升在集团产业链中的协同发展能力，未来 5 年，我们将紧密围绕建设世界一流企业的目标，全面提升综合服务能力、市场竞争力和品牌影响力，尤其要发挥好产业链强链补链的排头兵作用，以文旅会展综合服务商为定位，对内连接集团酒店、餐饮、客运、城市服务等产业要素，对外促进地方文旅产业提质升级，在重点的目的地市场、重要的客户、重点的项目等方面，从项目牵引、产业纽带、一站式平台、专属服务四个方面入手，以强有力的锦江系全产业链优势助推世界级文旅目的地建设。

大家现在看到的是泰宁锦江国际度假酒店的规划效果图。2022 年 5 月，上海市与三明市建立了对口合作关系，锦江国际集团积极响应两市政府号召，全面对接双方资源，落地了一系列重点合作项目。锦江旅游结合集团总体目标，牵头完成三明全域旅游规划编制工作，着力推进环大金湖三线核心旅游资源的整合，落实大金湖，上清溪，大峡谷等三个景区的运营工作，提升景区的产品丰富度和消费能级。公司也已经与黄果树旅游管委会正式签署旅游产品策划与文旅项目发展合作协议，将重点放在黄果树旅游区整体风貌打造以及旅游集散中心、高星级酒店、度假村综合体项目的规划设计，而招商引资、运营服务等方面则开展整体合作。集团下属的锦江乐园建成于1984年，是上海最早的主题乐园，承载了上海几代人的儿时回忆，我们计划通过焕新工程，抓住保留城市记忆、引进优质IP，打造亲民空间等关键要点，将乐园建设成为上海城市更新的示范项目，成为上海中心城区潮流文化的新地标和城市微度假目的地。2023年4月18日，在中国旅游研究院支持和指导下，锦江携手国内28家文旅领军企业，共同发起成立中国文旅目的地产业联盟，通过成员之间互相协作与优势互补，使规划更精准，配套更完备，内容更丰富，满足个不同文旅目的地之间的差异化需求，共同赋能文旅目的地的提质增效和高质量发展。2023年11月，锦江举办了首届中国文旅产业投资博览会，展会搭建了规划设计、投资开发、招商运营、营销推介的一站式平台，使得文旅项目有效打通渠道，获取优质资源，便于文旅企业充分展示自身特色与服务优势，扩大合作空间。

锦江通过承接地方文旅发展大会、文旅资源推介会的方式，集聚各类投资方，建设方、服务商，为文旅目的地提供有效对接。使其成为各级地方政府推介景区等文旅项目的重要渠道，也为锦江旅游和酒店板块创造了更多了解文旅项目、对接文旅业务的机会。

各位来宾，我们上海市文旅局方局长说过，投资文旅就是选择美好，就会赢得未来。我们期待有更多机会服务地方经济发展，投身文旅产业发展，践行"旅游让生活更美好"的理念。

谢谢大家。

对话会 & 圆桌研讨

城市旅游战略对话会：市场主体培育与集团化发展

——戴斌院长与地方领导圆桌论坛嘉宾观点摘要

12月11日，在2023中国旅游集团化发展论坛期间，中国旅游研究院戴斌院长与天津市蓟州区政协主席秦川、重庆市巫山县委书记曹邦兴、雅安市委常委、宣传部部长聂颖、东台市委书记商建明、黄山市人民政府副市长刘力、韶关市人民政府副市长蒋文泓、安阳市人民政府副市长王红兵、阜阳市人民政府副市长杨善竑、秦皇岛市人民政府副市长郭建平、深圳市福田区人民政府副区长王立萍进行了有关当前和今后一个时期旅游业发展方向的探讨。现将主要观点分享如下。

戴斌：您那里一直是总书记关心的地方，很想去看看。您可以跟大家分享一下这几年发展旅游业的心得体会吗？当地政府有什么举措？

曹邦兴：巫山处于几个重大机遇期中，一个是长江经济带，第二个是成渝经济圈定位。我们共抓大保护共抓大开发，把"绿水青山就是金山银山"的发展要求牢记心中，把巫山的文旅事业作为全县的第一支柱产业推进，举全县之力、举全县之智推动文化旅游的发展。我们想把巫山视为三峡旅游最重要的目的地，我们的目标定位是世界级的知名旅游目的地。

戴斌：我们以前是告别三峡游，现在是更多人回来了？

曹邦兴：20世纪90年代我们有一个体会，那时候因为三峡工程，感觉要"告别三峡"。其实，三峡一直都在，蓄水之后是新三峡的概念。毛主席说高峡出平湖，神女应无恙。现今已形成了新的旅游形态。从2023年情况来看，我感觉三峡游又将成为一个新的热点。

戴斌：您介绍了很多情况，在建设国家级旅游度假区的过程当中，您觉得需要广大的市场主体、投资机构和今天在座的旅游公司一把手做什么？怎么样吸引他们进入？怎么打造国家级旅游度假区？

曹邦兴： 我们三峡旅游，高度重视国家级旅游度假区建设工作，将其作为我们从过境游向目的地游、观光游向深度游转变的重要抓手。一方面，我们这里建了巫山机场，有高铁通行，在海拔 1200~1500 米这个区域，规划了 76 平方公里的空间来发展旅游康养度假区。另一个方面的优势条件是这里的旅游资源富集，这里有三个 5A 级景区，是壮美三峡、诗画长江的集中展现地。同时，空间充足，有 5 平方公里的土地指标。

戴斌： 打造国际级度假区就像做饭一样，巧妇难为无米之炊，你有 5 平方公里的建设用地，我估计区长都要羡慕得不得了。有了土地有了资源，需要考虑怎么把企业家照顾好，让他们有信心去投资。您刚才说江浙地区去的比较多。长江的文章可以继续做。

戴斌： 第二个，我想请教一下刘力同志，我们谈旅游，过去绕不过去，将来也不能不谈的。黄山跑出了经典景区复苏发展的加速路，你们三个月就恢复到 2019 年的水平，在这个过程中，您有什么经验可以跟大家分享？怎么推动旅游业快速复苏？

刘力： 我们黄山市 2023 年旅游形势总体来说是非常好的，1—10 月，全市旅游接待人次超过 7500 万人次，已经超过了 2019 年的 7200 万人次。而黄山风景区，还有宏村也超过 2019 年的最高水平。这个过程中，我们做了许多努力，其中，最典型的就是推行了门票免减优的活动，我们首创了周三免门票开放日，每个星期三这一天，全市的所有景区免门票对外开放，带来了客流量的大幅增长。

戴斌： 收入涨了吗？

刘力： 门票收入下降，但是我们促进了二次消费和其他的消费。

戴斌： 黄山归来不看岳，可是现在旅游市场不仅仅是看，在满足新需求方面，我们做了什么新部署呢？要推动新时期的旅游发展，我们黄山打算怎么再出发？

刘力： 这个问题非常好。大家说到黄山的时候，都说黄山的旅游非常好，我们也不敢妄自菲薄，我们确实是引领过全国旅游的发展，但是那个时代已经过去了。当下旅游发展阶段，我们必须打破原有资源依赖的桎梏，采取新的发展理念创新性发展。

戴斌： 这个靠什么？有破也要立，我们要立什么？

刘力： 我们是先立后破。我们先提出发展理念，包括大家都知道的五个方面，创新、协调、绿色、开放、共享。首先是创新，创新大家都知道，是引领发展的第一动力。黄山一直都将创新作为自己的内生驱动力。黄山的古民居非常多，有 8000 多处古民居，对这些古民居、古建筑异地搬迁集中保护，我们黄山也走在前面。另外，现在民宿发展势头非常猛，公安系统就率先开展了联合审核、一站式办理等措施，这得到了公安部的赞扬和认可。当前，我们黄山站在一个新的发展起点上，是以创新的思维、理念和举措，促进从传统的观光旅游转向市委市政府提出的以休闲度假为主的旅游。

戴斌：我们讲新发展理念是五个方面，我相信每个城市都在这五个方面做了系统的贯彻落实。您觉得，哪一个最需要拿出来跟大家分享的？比如您说第一个是创新，我理解，不完全是因为这个方面做得最好，可能在绿色方面也做得很好，只是创新放在第一位，您觉得民宿是怎么创新的？

刘力：黄山的民宿一般依山傍水，充分把黄山的资源特色显示出来。绿色发展，绿色是黄山的底色，我们在坚持绿色发展过程上也有很多可圈可点之处，比如说我们先将生态保护补偿机制落实，这是习近平总书记亲自倡导的，这个案例也是全国首家跨省域的。

戴斌：在您发展民宿的过程中，我们在座很多旅游集团、上市公司有没有到你们那儿投资，他们有没有什么困难？

刘力：困难主要集中在资源要素的保障上，尤其是土地的供应上。黄山的土地资源非常紧张，我们称黄山是八山半水半分田，还有一分道路和庄园，我们黄山有 82.9% 的森林覆盖率。

戴斌：做一个民宿的话，应该要不了多少土地，农村家里面的土地也可以拿出来做，为什么出现土地供给短缺的问题？

刘力：主要是一些民宿，我们严格来说是利用已有的民房做民宿，但是实际发展过程中，有很多资本进去以后，会有新建。

戴斌：如果资本介入，一盖就几十间，还是民宿吗？如果民宿不姓"民"，还叫民宿吗？政府怎么看这个问题，您可以想想。我们引进资本的时候，一定要关注，如果当地的老百姓承载不住了，它可能就变成了另外一个东西了，变成住宿，变成酒店了。这个过程中，我们既希望资本介入，又不能让资本无序扩张。此外民宿的经营者进去以后，当地会产生融合效应，我们看看怎么解决这个问题。

刘力：刚才提到民宿资本无序扩张，这个在黄山没有出现。第一是黄山的民宿不仅仅是一个住宿的场所，还是一个平台和空间。这个里面可以用来进行农产品展示和销售的电商经济。黄山的民宿更多是在古村落当中，黄山古村落310多个，目前已经有很多资本进入，比如华润。目前进去的资本不是多了，我们认为还是少了。

戴斌：安阳是总书记考察过的地方，也是中国传统文化非常重要的一个节点城市，我们在发展城市旅游的过程当中，安阳有什么考虑吗？

王红兵：安阳是一个资源禀赋偏文化、偏精神的城市，有殷墟甲骨文，有周易，有红旗渠精神，有精忠报国精神，曹操的陵也在安阳。首先，安阳要找准自己的定位，省委给安阳定位是要求我们把殷墟甲骨文打造成中华文化的新地标。

戴斌：新地标，为什么叫地标？

王红兵：这个来自我们全省发展大会上书记提出来，要把殷墟甲骨文打造成中华文化新地标，他指的是外国游客到中国来，可能知道的是故宫、长城、兵马俑等。他认为我们殷墟甲骨文完全应该和这三个相提并论，可以成为第四个新地标。2022年10月28日，总书记到安阳视察，首先就看了红旗渠，对红旗渠精神的弘扬提出了明确要求。同时，对殷墟甲骨文、对发展优秀传统文化也提出了明确的要求。我们安阳市在发展文旅事业上紧紧围绕文化打造中华文化的地标，围绕建设国际旅游目的地城市来做文章。

具体的做法，我们提出来的第一个是聚焦，聚焦安阳的中国传统文化，聚焦殷墟甲骨文，因为甲骨文是中国文字的根脉，是我们文化的源头。做好殷墟甲骨文也是我们安阳义不容辞的责任，殷墟遗址博物馆马上就要对外开放。

戴斌：在中华优秀传统文化创造性传承、创新性发展的过程中，可不可以及如何用市场机制的力量，如何引入有实力的市场主体帮助安阳的发展？我记得前年，我和携程一块到安阳去，我和书记一起开过一个会，除了这样的公司，今天在座的还有很多做酒店的做景区的，你是否希望他们进去，希望怎么样进去？

王红兵：安阳打造文化新地标，就像戴院长说的，我们必须引入新的市场主体，利用市场化手段打造新地标，这是我们安阳市既定的方略，是我们必须做也正在做的。我们主要是跟市场主体成立利益共同体，共担风险，共享收益，一定要成立合资公司，共同来做。如果说对我们安阳的资源没有信心，那我们也做不好。你只要来，我们认为你得有实实在在的投入，我们共同来把安阳市的文化地标和文旅事业、文旅产业做起来。

戴斌：东台，大家不一定知道，您简单跟我们说说东台，在旅游发展中有什么优势？

商建明：好的。尊敬的戴院长，各位嘉宾，十分高兴参加今天的论坛活动。如何实现旅游高质量发展？在座的城市都是我们学习的榜样。我的体会是要充分挖掘当地的资源禀赋，大力推动产业融合，比如文旅融合，农旅融合，康旅融合。东台人文底蕴非常深厚，在古与今的激荡交融中，逐步形成了五种文化、三相文化、爱情文化、红色文化、乡贤文化、美食文化。东台地处黄海之滨，是江苏沿海副中心城市，农业贡献大，有东台的西瓜、一篮菜、一根丝。为了推动农旅融合，建了一批森林木屋、帐篷营地、渔家小院，演绎了田园风光、诗意乡村、民宿风情，目前正在积极筹办江苏乡村旅游节主场活动。康旅融合，东台自然环境十分优美，兼有海洋湿地森林三大生态系统，拥有世界自然遗产、中国最美海湾、国家森林公园三张生态名片，目前，我们正在积极打造国家级旅游度假区。

戴斌：怎么样快速提高一个城市的知名度？在旅游市场上我们讲发展旅游经济，投资是跟着游客走的，游客不来，我再好的资源也只是资源，变不成产品。全国1800多个县域，还不包括市辖区，我们重点监测的旅游城市365座，这么多城市，这么多区，我怎么可以凸显知名度？马上春节了，九天假期，八天法定，加一天放假，怎么让北京、上海的客人想着去哪儿的时候，能想到东台。你的宣传部、文旅局，是投放广告还是什么方式，让游客知道东台？您作为书记怎么调动全市的资源？短期内如何提高东台的知名度？

商建明：主要提高三个力度。一个是旅游景区的创建力度，这既是以创促建，同时创建过程中也可以提高旅游的知名度，比如我们森林公园现在是省级，要创国家级，我们的古镇目前4A级要创5A级。第二个，加大旅游项目的推介力度，生态是东台最大的底色，现在老龄化越发明显，我们重点打造生态游、康养游。

戴斌：怎么加大力度？

商建明：我们有一句广告词，世界遗产地，生态康养城。特别是我们既关注全国市场，更加关注周边地区，比如和上海比较近，坐火车高铁就一个半小时左右，我们正在跟上海在合作共建长三角东台康养基地，这个项目也列入了国家"十四五"规划。第三个力度，要加大旅游工作的宣传力度。我们觉得旅游做好了，本身也是一个营商环境。

戴斌：我们说秦皇岛的北戴河大家都知道，在新的时期我们发展旅游遇到什么困难吗？有什么机遇？

郭建平：今天，还有三位企业的朋友和我一起来的。回答院长问的话，我们既面临困难，也有机遇。困难是什么？我们大会的主题是繁荣与重构。应该说从 1 月到 11 月，我们秦皇岛在旅游人数和收入上实现了双增长。但是这里面，我们也面临着两个大问题：第一个是大家消费方式的转变，由观光到休闲度假游，我们有准备，但是也不是特别充分；第二个是从休闲产品和业态来说，我们原来基本是以 A 级景区打造为核心，提升的是景区的硬件建设，但是随着现在多元化精细化的消费需求，大众对个性化、有温度的需求增多了。我认为这个无论是对旅游企业还是对我们党委政府来说，在旅游规划的设定，旅游产品的打造，旅游服务设施的优化方面，都提出了一个很全面的课题。

我觉得也有机遇。第一个就是三年疫情过去以后，大家更注重生活的品质，生活的幸福指数，包括说繁荣，我们现在实现了旅游收入和旅游人数的双增长。但是重构，一定是以需求为导向的，推进我们重构的产品。今天大会发言我也准备了一个主题，就是人生可以更美，生活可以更好。我们旅游业既是为人民服务，又是推动经济高质量发展的一个契机。我们国际游这两年虽然有所下降，但是国内游很活跃。第二个是通过这几年产业结构的调整，原来在房地产业的一些投资企业家逐步在向我们旅游文化产业投，有市场需求，有投资主体，就决定了我们在供给端和需求端都有一个厚实的基础。第三个机遇，我们在跟世界接轨的时候，说人和自然是和谐一体的，总书记提出要构建人类命运共同体，核心解决的还是大家的幸福问题。我们从河北省委省政府到我们秦皇岛市委市政府，更多地把秦皇岛这个城市定位于国际一流旅游城市的建设，就是需要我们有更高的世界眼光，更好的产品。从全省全市重视这个产业，已经形成了一种共识。

戴斌：您觉得阿拉亚这个模式，是政府主动作为的，还是一个市场的偶发因素？还会有第二个马云吗？您带来的三位企业家是当地非常有名的。我们今天的讨论是宣传我们城市，也是和大家一起分享我们的发展经验。特别是在座的各位企业家，我们怎么吸引他们过去？比如谈到休闲度假，如何从一个过去的国家度假地变成一个国民的度假地？市场在里面会发生什么作用？资本会发挥什么作用？谈到度假的问题，我们秦皇岛要再发展度假，您觉得还缺什么？

郭建平：我先把您的两个题目回答一下，再回答我们缺什么。

第一个，阿拉亚的现象在秦皇岛是企业的作用还是政府的更凸显？当然是企业的作用更凸显。我们在品牌运营过程中，阿拉亚不是按照景区打造，一开始是按照社区管理，但是我们把文化贯穿于整个社区的建设之中，从细微处入手，这个品牌在全国各地，品牌和理念都可以输出。我也代表阿拉亚说一下，我们在广东、海南都有项目，输出更多的是一个品牌合作的理念而不是产品，企业在这个过程中，我认为是做得很优秀的，政府就是搞服务。

第二个，怎么能把国家休闲旅游度假区变成国民度假区？这太给力了，无论我们拿了多少牌子，核心还是看我们的服务怎么样，来的人怎么样，来了以后消费怎么样，我觉得秦皇岛市委市政府连续三年有一个小体会，第一是业态，就是"+文化旅游"，文化旅游分不开，有"体育+文化旅游""农业+文化旅游""活动+文化旅游""建筑+文化旅游"。

戴斌：我补充一下，你说出了山和海的一个优势，就是比邻环渤海经济圈的城市客源优势。河北的张厅长也来了，他们讲"这么近那么美，周末到河北"。

郭建平：我们周边有 2 亿多人。

戴斌：我们很多同志讲优势的时候，都是从传统的资源角度，没有从客源的角度讲。你再补充一句。

郭建平：我再补充一句，我希望我们长三角区域，以上海为代表的城市和我们加强联系，我们为大家搞好服务。

戴斌：深圳不用介绍了，福田也不用介绍，直接回答我的问题，为什么像深圳这样经济社会比较发达的城市，又是核心区，你还要发展旅游业，还要打造节日大道？是出于什么样的考虑？

王立萍：戴院长好，各位同仁大家好，旅游是一个非常美好和幸福的话题，今天我们这个大会也是在美丽富饶的上海探讨这个美丽又幸福的话题。深圳是中国改革开放的先锋城市，40 余年的发展，我们全国各地的移民为深圳的经济社会发展做出了突出贡献。在新时代，我们都重视高质量发展，做旅游也是做城市，应该要打造高质量的旅游产品来满足人民群众对日益增长的美好生活的需求，这是一个改革开放的先锋城市的应有担当，也是我们弘扬中国特色社会主义先进文化的终极目标。

戴斌：为什么发展文化和旅游？比如我们开区委办公会的时候，做打造节日大道部署的时候，从什么角度考虑这个问题的，这对我们很多领导同志会有启发性。

王立萍：大家知道深圳的节奏非常快，刚才我讲了这些基础，就是深圳的高净值人群非常多，他们对文化的需求也是非常旺盛的。第二，深圳的工作也是超负荷，节奏非常快，加班加点的，通宵的楼宇特别多，如何让大家在工作之余对生活充满热爱，快速地充电，迸发新的生机与活力，文化的需求也是我们建设城市、打造高质量城市发展非常重要的一个方面。

戴斌：我直接问您边上阜阳的同志，如果要发展城市旅游，您给他传授一些什么经验？

王立萍：我们要把所有的文化，不光是放在景区里，还要放到商圈里，还要放到社区里，还要放到大路上。让我们所有的老百姓不买门票，无差别地更多地享受到丰富的精神文化产品。

戴斌：这个话要想直接回答，我的经验，就是您来深圳看一看。还有一个，她提出一个非常重要的概念，打造主客共享的空间，你不要把一个地方圈起来收门票。我看深圳有的地方看书的图书馆都开到了街区里面，不管是老百姓还是外地游客，咖啡要花钱买，书可以随便看，这样有品质的地方游客不愿意去吗？所以打造有品质的城市空间是发展的基础。

王立萍：提供一个超值的商圈空间和超值的城市空间。

戴斌：杨市长，对您有启发吗？您准备发展城市旅游？

杨善竑：我们是一座正在发展中的城市，阜阳跟黄山那儿是不一样的，他们有自然山水，我们只是淮河岸边的一片大平原。阜阳的发展还是立足于阜阳自身的优势，比如我们阜阳是一座历史名城，从7000年前的新石器时代就可以找到人类活动的轨迹。我们有商代的建筑，目前阜阳北城地下还有一座古城，近期挖掘了一个6000年前的陶器。我们阜阳有历史，但是历史有说头，没看头，在这一块我想我们从阜阳自身历史这块，把这个故事说好。我们阜阳也是一座有文化的城市，阜阳是名相故里，姜尚、管仲、鲍叔牙、大将吕蒙的故里。先秦的文化十分繁荣，一直延续到后面的欧苏文化，欧阳修和苏东坡在阜阳任过知州，他们在那儿留下了两百多首的千古诗句。所以我们思考从古至今，阜阳的文化如何挖掘好。

戴斌：你觉得你的最大的优势是什么？就一句话。

杨善竑：我们最大的优势是人口聚集地，交通发达。

戴斌：这是真正说出了自信所在。跟刘力同志比，他山清水秀的，你一马平川，但是你一个县就一百多万人口。我上次到临泉县看，有一个安徒生小镇、格林童话，还有一个杂技小镇，你那里最有资格最有能力发展杂技，因为现代旅游业的发展。你看深圳，有人说深圳什么都没有，就是一个小渔村，它是怎么发展起来的？它有巨大的人口优势，一千多万人口，可以创造无限的可能。

杨善竑：我们不仅本市人口一千多万，阜阳是在中原都市圈，以 150 公里为半径，可以覆盖周边三四千万人口。我们现在一个是怎么样把阜阳人留在阜阳，一个是怎么把周边人引到阜阳。

戴斌：把我老家蚌埠的人也吸引过去，人就更多了。还有我知道祥源控股在那儿投资了，为什么在那儿投资，是有山有水吗，还是项王故里？是你有一百多万人口的消费。所以发展城市旅游，首先着眼于本地居民的文化休闲升级的需要，这是你最大的优势。是这样吗？你可以继续。

杨善竑：除了阜阳有文化和历史，阜阳现在这个城市也是很美的。可能在座各位领导没有去过阜阳，我们阜阳也是一座花城，每年 4 月份以后阜阳满城的月季开放，满池塘的荷花绽放，月季和荷花是我们的市花。

戴斌：说长三角珠三角，别忘了京津冀，我们秦主席还在这儿。一个城市，特别是直辖市，中国的市，城市中的区和县如何打造一个旅游目的地，您是文旅专班的负责人，您给我们介绍介绍。

秦川：蓟州是一个传统观光区，有三样比较有代表性的东西，乾隆去了 32 次的国家 5A 级景区盘山，戚继光驻守了 16 年的长城，梁思成先生亲自测绘的距今 1000 多年的独乐寺，过去游客是以观光旅游为主。蓟州区还有一个更大的优势，它在天津的最北边，在北京的最东边，离北京更近。我们要从过去的观光旅游向高端进行转型升级。

我们接合处的两大都市，4000 多万人口的区位特点，我们要把我们这片山水用好。我们的转型升级是精准地找客户群，我们瞄准这京津 4000 多万人口当中，对短期的、短途的、近郊休闲度假的需求，利用这种康复的需求，充电的需求，来做蓟州的旅游。

我们在十四五规划当中，结合我们区的特点，提出城市定位，其中一条就是做成国家级休闲度假目的地，把大量的观光产品转化为休闲度假产品，我们大量的农民不再像过去那样，而是学民宿的做法，让房子更有乡村的特点，规模更小，都包院经营，优势越来越突出。2023 年十一假期，我们已经实现了一些可喜的转变，北京客群占比例超过 40%，过去我们只有 10% 左右，2023 年实现了一个根本性的转变。还有一个市场上的转变，以前民宿订不上房，大量的农家院没有客人去，现在结构上也实现了转变。我觉得利用好京津冀协同发展，带动乡村振兴，这是我们蓟州做文化旅游的一个方面。

戴斌：天津有 16 个区县，怎么把天津和北京服务好是一个重要方面。我 2023 年带院里面的同志到天津做了一次大调研。我刚才还和市里面沟通，我说以后再回去一趟，看看一年下来当初谈的问题有没有解决。其实我们今天除了会场谈的，下面希望大家多交流，比如说今天哈尔滨市委常委、宣传部长也在这里，他作为一个市里面怎么发展。他们打冰雪牌，我们打什么牌，我没有冰雪，我们有其他的，比如避暑、康养、老年、研学，希望这块可以打出自己的特色。

戴斌：雅安的同志也在，您从雅安来说，四川大家都知道，生活很巴适的地方，怎么在雅安凸显出来。

聂颖：非常高兴和荣幸参加这次城市旅游战略对话，我是第一次参加这样的圆桌会议。雅安这个地方其实是成都平原到青藏高原的一个过渡地带，进去就是甘孜，这边是凉山，海拔从 550 米到 5795 米，落差比较大，造就了雅安非常丰富的旅游资源。总书记 2013 年到雅安视察的时候，称雅安是"动植物基因库"。我们现在有 A 级景区、生态示范区和旅游度假区 50 多个，也是四川首个全国影视指定的拍摄基地。另外雅安这个地方的文化底蕴厚重，现在有世界级非遗 11 项，国家级非遗 14 项，还有全国重点文物保护单位 11 个。

戴斌：这些资源如何变成产业优势呢？

聂颖：这是我们面临的课题也是难题。包括区位优势，总书记擘画的川藏铁路，我们是起点。国道 318，我们是零起点，这些优势如何来转化为发展的优势？我们这一届市委也把文旅工作作为一号工程、一把手工程，要把文旅发展作为践行两山理念的雅安实践。另外，我们也出台了加快发展全域建设的文化强市实施意见，还有做强旅游的实施方案，我们现在整个雅安的态势就是大家都非常重视文旅，已经形成了大抓文旅的思想共识。

戴斌：碧峰峡怎么培养出来，吸引祥源去投资的？

聂颖：碧峰峡还是以自然风光，特别是熊猫基地为主，我们省委在十一届二次全会赋予雅安一个重要的任务，打造世界大熊猫文化旅游的重要目的地，我们就想什么是旅游的重要目的地，怎么来呈现？怎么来打好雅安的大熊猫牌？

戴斌：怎么打？

聂颖：祥源文旅也参与进来，引领我们。

戴斌：怎么让他别走，让他多投资，有什么想法吗？

聂颖：以前打造碧峰峡还是有一定规模的，2004—2005 年的时候，应该是形成了一个火爆的场景，但是后来就因为是民营企业的经营，投资逐渐衰弱，祥源文旅集团运用市场发展优势，结合雅安的文旅资源，规划怎么围绕着大熊猫，怎么把碧峰峡打造成世界一流的景区。

戴斌：当前的形势下，好的企业也是大熊猫，也是非常稀缺的，要像照顾大熊猫一样照顾好旅游企业。这样政府才能真正把旅游发展起来。

下面请韶关的同志发言。

蒋文泓：韶关目前已经进入初冬，是我们银杏最好看的时候，我们这里有很好的生态资源，我们也在着力怎么在高质量发展中把文旅牌打出去，打得更响。我们韶关有好的优势，背靠粤港澳大湾区，有 7000 万的旅游人口潜力，我们总面积 1.84 万平方公里，是广东第二大的地级市。在生态方面被誉为地球同维度上保存最为完整的绿洲，森林覆盖率是 74.5%，拥有广东唯一的世界地质公园，世界自然遗产丹霞山。我们也是国家森林城市，有 40 多家 A 级景区，是一座红色之城，是广东省红色革命遗迹数量最多的地方，重点做好红色文章。而且正在建设长征国家文化公园，这是国家级的。

戴斌：怎么做好旅游？

蒋文泓：我们市重点围绕龙头景区，大丹霞，大南华，大南理，大故居，围绕龙头打造，通过全域旅游带动推动。

戴斌：是政府掏钱吗？还是找企业投？

蒋文泓：这个要发挥几个作用。第一是政府的引导作用，这个非常重要，怎么样把它作为一个重点发展的产业定义在高质量发展中。要同步营造好的营商环境，怎么样用我们的生态资源吸引好的企业，不管是国有的，还是民营的，尤其是在疫情之后，我们更加注重公私合营，找一些民营企业参与这些优质资源的打造。

戴斌：怎么吸引民营企业？有没有一个清单？你招商引资要引哪些？

蒋文泓：比如我们韶关在打造康养之城，我们韶关就把整个的市域康养地图做出来，把所有韶关每个县可以打造康养项目的都做出了坐标，供地面积多少，如果签约立刻就可以开工。

戴斌： 你这是要给人家，要娶媳妇，准备了多少房子，准备了多少嫁妆，现在你要找哪个闺女给你做媳妇儿？

蒋文泓： 比如我们的重点龙头丹霞山，在想引入祥源集团，本身已经有一些项目。

戴斌： 有没有别的？别老盯着祥源一根羊毛。各地招商引资的时候，你得有个单子，引入哪些旅游运营商，是搞酒店民宿的，是做旅行社 OTA，还是度假区。只有单子拿出来，我才知道找谁，我们这里这么多人在这里，这个集中起来不容易，我们要把这个单子拉出来，不用多，就拿出 20 个旅游集团的一把手，你有这些人的微信号，就可以随时沟通。我希望你可以做到这一点。

经过大家的一番讨论，至少有三点共识。

第一，各地党委政府对旅游业是越来越重视，像深圳经济这么厉害的地方都要发展文化旅游，表现了大家的充分重视。

第二，采取的措施，出台的文件越来越多，措施越来越实。

第三，更加重视市场主体的作用，纷纷加大招商引资的力度。我们越来越认识到，如果只有政府的手，没有企业市场主体的手，是抓不住的。

我们这是首次请这么多城市的领导跟企业家面对面。我希望，经过这次会议，大家要加强跟市场主体，特别是投资机构和运营商打交道的能力。他们不会听你太多务虚性的东西，他会关心营商环境，关心这里有没有游客，来了以后有没有法治和契约。我跟商书记关系很好，你过两天当更高级的领导了，我还要重新来过。如果地方法治契约比较强，谁来都一样。

还有一个，我们今天来了很多过去旅游不是太发达的地方，我提醒大家，一定要培育本土的市场主体，企业家到当地，除了跟政府见面、签约，更关注以后跟谁谈，如果没有当地的投资机构、市场主体对接，是待不住的，没有这个土壤是不行的。

就这两点建议，最后再次感谢同志们，按照我们之前的约定，这一点是很不容易的。再次感谢大家的参与，谢谢。

旅游集团创新对话会：生活重启·旅游新生

——戴斌院长与旅游集团创新对话嘉宾观点摘要

12月11日，在2023中国旅游集团化发展论坛期间，中国旅游研究院戴斌院长与四川旅投集团董事长游勇、南京旅游集团董事长葛飞、江苏省文投集团董事长王洪俊、首旅如家酒店集团总经理孙坚、去哪儿网副总裁任芬、途家及斯维登集团联合创始人罗军、东呈酒店集团联合创始人吴伟、建业集团副总裁姚培、泡泡玛特城市乐园总经理胡健进行了有关过去三年和旅游业创新发展方向的探讨。现将主要观点分享如下。

戴斌：上场是政府间做一些对话，这一场我们主要是请一些企业家来聊一聊。我跟大家就更熟了，我就不客气了。我们不做广告，不做企业介绍，就谈几个问题。第一位，我想请我的老朋友，也是我们如家集团的创始人，也是我们行业里以微笑著称的孙总，给我们说一下过去这几年经历的事情。过去这一年过得很好吗？

孙坚：三年疫情，对旅游行业来说是一个重创，旅游行业最根本的是人员流动，没有流动肯定是很难。最难的是从来没经历过，也不知道是什么方案可以采取。我们这样20年创业到今天，在中国800多个城市，6000多家门店，突然告诉你现在是这样的一个场景，真的是很难。没有经历过。但信念还是很重要，我觉得是信念，我们以后会好。就做什么呢，就做基本的事情，很难很苦，但是就做基本的事情，就这样到今天。

这三年当中还是做了一些事情，特别是一些很基本的事情。过去发展得很快，所以老是觉得跑马圈地，开更多的店。真正我们对用户的策略变化，对自己发展过程中人才队伍的建设，遇到这些不可控事件的时候，能不能还活着？这三年是上了一课的。创业到现在20年，你今天问我这些问题，我就比以前更有底气。因为"可能会死"过。以前不明白，三年是沉重的，但对我们企业来说其实是重生。这三年你做了，未来一定是有机会可以做得更好。

戴斌：我非常认同您，为什么请您先发言？回头看，创业企业很多是要博一个知名度，做广告，做活动，互联网上发声音，但是您注意到吗，您很少在面向 C 端和社会媒体露面，更多精力是放在对客的品质提高上——我最终是要一张干净卫生的床，安全有保障的服务，我有什么诉求可以解决，而不是说一大堆怎么怎么好。这一点是我对如家这么多年来非常深刻的体会，也是您执掌如家这么多年一直坚持的。如果现在年轻人要创业，您可以给大家一些忠告吗？

孙坚：机会看上去很多，但真真实实的机会还是要基于你自己要懂，要有料。

戴斌：非常好，谢谢孙总，您是我这么多年非常敬佩的，您现在管多少家店？

孙坚：6500 家。

戴斌：您觉得最难的是什么，管理上。

孙坚：最难的还是人，人的质量和人的数量。我相信今天在中国旅游行业，是最难的。大家面临的问题，你看到的似乎都是机会，但是你落地的时候，你会觉得谁去实现最后一米。我听了这么多市长的话，我们今天看上去都是美好的，都是机会，但我们知道我们自己的挑战吗，我们知道我们要做一个什么样的东西吗？

戴斌：您可以给出答案吗？

孙坚：还是应该做最基本的东西。我最近这个半年跟很多的政府领导聊天，沟通汇报也说这个话，我说作为一个本地人，没有一个人不爱自己的城市，没有一个人不能列举出这个城市吸引人的地方，但是本质上你怎么吸引人，怎么把你的这些资源最后变成产品，最后要让用户，特别是现在年轻的用户可以接受，认同你是产品。就像淄博的烧烤，没有人认为淄博是烧烤的原产地，但是淄博现象是代表着，如果你把一件事情真正落地，做出一定的成果，就会有所谓的影响力。

戴斌：谢谢您。您刚才讲最难的事情是"人"，我理解一个是旅游者，消费者。第二个"人"是旅游人，你 6000 多家店，一个店 10 个人，也有 6 万多人，这是很难的。我留给您一个问题，您觉得在当前的形势下，我们该如何跟政府打交道，这是留给您的话题。

下面我们请您边上去哪儿网的任芬总，我们过去小二十年的时间一起走过，在我心目中，您始终是保持一个进取心、朝气蓬勃的样子，每年都有从小镇旅行家到小机场城市旅游，每年都有新概念出来，而且商业上都可以取得成功，但是又不是特别高调。您这一年走过来，去哪儿网有哪些可以跟大家分享的经验？您还遇到什么问题吗？

任芬：感觉戴院长的这个提问是一个夸奖，您不夸我，我也准备主动认领一下。我们去哪儿网是这样一家公司，在成立到 2023 年是十八年了。在过去很长时间之内，去哪儿网都是不做广告的。去哪儿网这家公司成立的基因里面有一种韧劲，就是这么多年来一直是保持创业公司的状态，这跟公司成立的本质是有关系的，因为您知道最早去哪儿网是做机票搜索引擎起家的，那时候是通过搜索技术把很多线下机票的价格搬到线上，那时候如果买一张从北京到上海的机票不需要一个一个售票点询问，我们会把所有的航班报价都找出来，也是因为这样的功能，当时去哪儿网起步的时候，我们一波种子用户的画像是一波大学刚毕业，或者还在大学期间，口袋里面不是太富裕的年轻人，但是他们有想出去看看世界的热情，他们通过去哪儿网以很低的价格买到他们人生中第一张机票，这波用户是十八年来一直追随着我们成长的。现在他们在我们平台上不只是为他们自己订票，还为他们的孩子订票，为他们的父母、亲人订票。我是觉得这个对我们来讲，一直是一种使命感。为什么我们不做广告，我们是花了很多的精力打造我们核心产品，我们的价格竞争力，做我们的产品覆盖，怎么样通过更高的效率把更低的价格呈现给我们的用户，这是我觉得去哪儿网活到现在还不错的一个核心竞争力。

戴斌：我记得途家也在您那儿，怎么处理这两家公司一起运营？

任芬：这是两家完全独立的公司，只不过是由一个统一的管理团队进行管理。但是内部还是两套完全不同的系统，两个相对比较独立的团队，只有经理人和部分的职能部门是重叠的，主要的人员队伍是独立分开的。其实从这个层面上来讲，可能不存在您提到的这个矛盾的问题。

戴斌：过去三年去哪儿网最难的是什么？

任芬：其实刚才孙坚总的一些表述也表达了我们这个行业者的内心。过去三年你会觉得面对的不仅是至暗时刻，更是看不到头的至暗时刻，可能觉得市场要起来了，又是一个浪把我们拍下去。坚持到第三年是最难的，但我觉得也是一段非常有意义的经历，因为在 2022 年的最后一天，我把过去三年我们平台上所有的搜索指数拉出来，发现是一个波动起伏的指数。我在回想过去三年经历的日子，随着每一次的封城和放开，我们平台上搜索指数是非常敏感的。这个表现就像股市大盘一样，只要市场放开，马上搜索量就上去了。我当时比较感动的是这个行业 2023 年得到这么快速的复苏，其实靠的不是我们从业者，而是我们背后的一群真正热爱旅游的消费者，是他们一直在支撑着我们。

戴斌：大家知道我工作比较玩命，我觉得你们比我更难，我最难的是眼睁睁看着这个行业中很多人离开了，我非常难过，我觉得自己努力一点，也许可以帮助大家改变一些。做企业的人，对那时的水深火热是感同身受。去哪儿网是相对比较好的，没有大规模的裁员，都挺好的，您觉得支撑去哪儿网走过来的，最成功的经验是什么？

任芬：我觉得就是从旅游产业来讲，去哪儿网本身还是一个平台性质，是一个轻资产，我们面临的情况会比我们很多产业链条上的企业好很多，没有那么重的资产，不需要每天算一算账，以及没有那么多门店关着，但是要交租金。从这一块来说是比较好的。我们过去三年会调整一些，算账的不是我，我们老总不在这里，他会看看账面上的资金可以维持多久，是不是可以保证后面 6~9 个月的时间可以正常流动，包括疫情刚起来的时候。

戴斌：我从对去哪儿网的观察，支撑走下来最重要的经验是乐观。我到去哪儿网做过一次比较长的发言，无论去哪儿，归来仍少年。你们平均年龄 27 岁，以前更年轻，这样的年轻人有什么担心的，人在一切都在，无非是少收一季粮食，还会找补回来。

任芬：是的，我们汇报一下过去三年我们到底在做什么，就是做一件事情，我们老总称其为"练腹肌"，就是练内功。我们去哪儿网的盘子是比较稳定的，维持了比互联网行业稍微高一点的员工流失率，以前 15%，过去我们三年稍微高一点，20%，保证了人员队伍的平稳，也没有采取降薪的方式。我们练内功主要是重构系统。您知道 App 里面有非常多的系统耦合，在业务高峰期不敢动，我们在疫情期间花了很大的人力物力做系统的重构。这些效果其实在 2023 年整个业务飙升的时候得到了体现。

戴斌：我也先给你留个题目，现在很多的互联网企业愿意做目的地营销，或者愿意跟政府打交道，但是我很少听到去哪儿网跟政府做战略性的合作。您希望建立什么样的政商关系？去哪儿网心目中的好的政商关系是什么？在介入目的地营销方面，去哪儿网有没有构想？

既然提到了途家，就离不开我一个很豪华的兄弟，罗军，他是途家的创始人，好久不见，我到现在都记得，有一次在上海开会，跌倒了以后还说创业都是艰难的，跌倒了就马上爬起来，过得还好吗？

罗军：过得有好有不好。好的地方，我也在思考，小孩子一定是不停摔跤才会长大，晚上甚至关节骨骼会疼痛，也是在成长。这三年给了我们很多思考的空间。第二个好的地方，我们活下来了，死了太多的同行。不好的地方，也是两点，一点是非常痛苦，因为我们在疫情三年过程中，最主要的是旅游受伤，没有人住了。住宿中最可怕的是进去小区的，我们是重灾区。要活下来只有降成本，降成本是很痛苦的，薪水要降，开销要降，什么都要降，我们总部办公室换了三次，就是因为降成本要换。第二个痛苦，您刚才问的问题，我很想回答，在这个三年过程中，真正的问题，真正痛苦的其实不是员工。员工哪怕下岗了，可以再找工作，员工也不痛苦，因为他即便公司结束了，那时候才会感觉到我没工作了，才会痛苦。这三年员工不痛苦，痛苦的是公司的管理层和领路人。我相信所有的旅游行业的人，这三年中就两个字，迷茫，不知道下一步怎么办。所以今天关了，明天关了，我不知道什么时候是头，我在这里关了三个月，不知道什么时候可以出去。这是旅游行业的痛苦，我自己感触到的快乐和痛苦。

戴斌：我先说一个感触，我同意您的话，做投资人，或者做创始人，做管理层的痛苦。其实员工除了人家回去以后还愿意找工作，但是也不愿意离开您，离开您哪有茶叶蛋可以吃？这里面有一个故事，那时候罗军总在创业的时候，经常煮茶叶蛋给员工吃。您的斯维登跟途家的区别是什么？

罗军：非常简单，如果说途家是携程的话，斯维登就是希尔顿。

戴斌：是往线下走。

罗军：我们是管每个房间每把钥匙，理论来说比酒店哪一些，第一是分散，第二规模小，第三是房间进进出出多，但是业主想起来我下个月老婆说不租了，房子要收回去。过段时间，一个楼盘出来了，一千套，马上就要接下来，所以这样规模大和小，这和电力系统是一样的，不怕你用得多和少，而是怕波峰。

戴斌：您觉得住宿业最难的是什么？

罗军：我们老前辈孙坚总说得非常对，就是人才。我再往深处讲，可能和大气候有关系，如果一个社会的心态普遍比较平，有很扎实和厚重的脚印，这时候这些人才就会多，因为他没有后顾之忧，没有被丈母娘逼的买房子，这时候所谓的人才，它的精力、投入都会比较好。如果这个社会很浮躁，再碰到灾和难，这时候满大街要求人才是不合理的。因为他也要生存。

戴斌：这里我有个困惑，我们每年有那么多的旅游管理的毕业生，今天在场的还有很多一些院校的领导过来，为什么这么多毕业生不愿意到酒店行业，或者说您觉得他们差在哪里，我们不愿意要他们，这是什么原因？

罗军：三个问题。第一个，有很多现在的年轻人择业的时候并没有这个行业的理想，其实也是糊里糊涂的。这是一个现实，这中间有一部分人是这样的。第二个，从事住宿业来说是一个居无定所的行业，是很痛苦的，外面看是很风光，穿西服打领带，其实是这边开店你过去，那边开店你到那边去，这个家庭怎么办？这是很现实的问题。第三个，尤其最近几年，住宿业的成本控制，收益受到的压力都很大，所以不像我们上海原来希尔顿开的时候，报名的都是研究生，现在不一样了。

戴斌：收入是吸引人才重要的法宝。留个问题给您，如果还有机会再创业的话，您会选择什么赛道。

下面请姚培同志。上周末的时候，我印象特别深刻，您有非常强的逻辑能力和理性能力，您是我见过这个年龄段中理性能力非常强，商业逻辑能力也非常强的企业家。您觉得在过去三年中间，从建业来说，在旅游这个板块，您觉得是怎么过来的？2023年一年当中，为什么这么快就实现了盈利？您做了哪些工作？

姚培：您提到这个问题的时候，我的思绪一下子拉回到三年前，我们每个人都想给过去三年按一个快进键。我也在复盘过去三年，如果用一个字来概括的话，是"13"。我们经历了十三次开园，写了十三篇开园公告，为什么会这么多？恰好我们两个有代表性的项目，都是在疫情之间开业的，我们建业电影小镇开业三个月就遇到了疫情，"只有河南"是开业45天就遇到了郑州的720特大暴雨，然后是一轮又一轮的开园和闭园。但是我觉得，对我们来说，这个过程过去了以后，再想的时候，是很痛苦，但是可能从中得到的力量，得到的坚强，得到的生生不息的力量，让我们沉淀，让我们思考，让我们总结，让我们复盘，让我们急速的极限的瘦身。我们把人力成本，各种运营能耗都压缩到最低。比如我们办公楼的电梯，只有三层楼，我们发生疫情以后就把电梯停了，您说停一部电梯可以省多少钱，但是我觉得算是停了一个决心。直到现在，我们园区运营的状态非常好，但是我们电梯依然是关停的，我们依然走楼梯上班，这是留给大家一个三年的纪念，也是三年留给我们最大的收获，就是要坚强，要学会过苦日子，要向农民学智慧。对我们这个年龄的管理人员来说，更早感受到了这样的力量。

戴斌：如果说任总谈到的是乐观，您谈到的坚强是非常不容易的，包括疫情，包括之前四十多年来我们经历的波折，不管是公共卫生事件还是金融危机，回过头看，企业的成长和进步往往发生在巨大的灾难之后。我看到建业挺过来了，站起来了。我在跟你们董事长见面的时候，我说我想看一看，经过三年的不易，今天你们过得还好吗？

我上次看到那么多的年轻人做研学，我们今天的主题是生活重启、旅游新生，看起来游客回来了，但是回来的还是原来的游客吗？你发现有什么变化吗？如果这个问题把握不住，企业经营可能就会出问题。

姚培：我先分享一组数据，一个是 70% 的河南省外的客人。

戴斌：您有 70% 的游客是河南以外的。

姚培：这个数据是两年前没有办法想象的数字，对我们来说也算是一个很大的惊喜，我们一直在复盘这个数字背后究竟产品占了多大的分量，天时地利人和究竟哪个作用真的更大一些。

第一个数字是 70% 的省外客人，大家来自天南海北，五湖四海，为了一座城第一次来到河南，来到河南郑州这个很多人之前不知道的地方。第二个数字是 85% 的年轻人，我们这里说的是 00 后、90 后和 80 后。

戴斌：我和葛总算中老年人吗？

姚培：您算年轻人，我们文旅人永远年轻。

第三个数字，也蕴藏着巨大的力量，就是 1000 万和 100 万，这两个数字分别是我们 2023 年全年的观剧人次和 2023 年国庆节的观剧人次。第三个数字可能更有意义和价值。因为不是旅游人次，而是观剧人次。因为我们这是一个新的物种，一个客人在园区会有两面，A 面和 B 面，A 面是游客，B 面是观众，一面是文化，一面是旅游。文化和旅游的融合，我们站在一个实践者的角度来讲，其实是文化快速的市场化和大众化，让越来越多的人通过旅游这个方式接触到文化，也让旅游更加的有意义感和价值感。

我们还有一个理论，究竟文旅融合是什么？或者说一个文旅作品究竟什么才算好？就像我们在座每个人，和刚才论坛上的各位领导，大家每个人拿到的卷子不一样，我们是没有标准的卷子，所以答案也没有标准，即便是同一个企业，三年前和三年后拿到的卷子也是不一样，我们给自己不变的卷子是想一直做文旅的三好学生。这三好第一个是市场价值，首先得活着，活着才能表达你的观点，传播文化和旅游的力量。第二是社会价值，就是文旅融合带给旅游更强的意义感和价值感。第三是艺术价值，我相信整个国民对于文旅作品欣赏水平的提高，是需要一个又一个、一代又一代的好作品的熏陶，就像那句话说的，多建一个剧场，就少建一座监狱。这是潜移默化的提升。就像您那天看到的，那天有5000个孩子走进这座戏剧幻城，回去以后，在多少年以后，回想起来会记得那天看到的戏剧，也许记得了需要观剧的礼仪，这就是一个文化作品给社会的价值和作用。

戴斌：中国很多项目一旦成型以后，很多地方愿意引进，很多企业愿意模仿，不知道现在有没有地方政府跟你谈愿意在另外一个城市，再造一个戏剧幻城，如果有，你会怎么应对他们？有没有在外地再复制或者再建一个，"只有山西""只有广东"戏剧幻城。您等会儿回答我这个问题，如果有，您会怎么和他们政府谈判。

下面我想问一下东呈的吴总，您也是做住宿业的，还是那句话，您过得好吗？怎么过来的？

吴伟：这三年内没有很多过得好的，我们也看到一组数字，这三年虽然大家过得不是很好，但是行业还在发展。我们2023年客房数字已经恢复到了2019年的水平，但是结构有所变化，就是中小型的企业会出清，我们看到回溯2019年，中端、中高端以及高端酒店的绝对数增长已经达到20%。虽然不堪回首，三年来过得这么艰辛，但是我们看到行业还是在继续发展，我们作为酒店人，还坚定信心，2023年以来的反弹也好，复苏也好，今天的复苏给了我们巨大的信心，2023年以来我们看到，从2月份到11月份，整个行业的收益水平已经恢复到2019年，基本达到了2019年的平均水平。而且整个发展和运营都得到了全面的恢复。所以我们觉得，这三年虽然过得很苦，但是苦中还是有乐，还是有希望，我们看见2023年带给我们希望，而且我们也看到国家对于高质量发展的重新定位，我们觉得这三年让我们想清楚了很多事情，让我们有时间静下来想想，我们的规模化发展，跑马圈地的这种模式，还能不能持续。增量市场和存量市场的切换，对于我们酒店人应该做些什么事情去适应客源结构的变化，我们2023年和以前相比客源结构完全不一样，2023年的客源结构已经是多元化，商务客源在减少，会议客源在减少，但是旅游的客源、休闲的客源，各种演唱会娱乐性的恢复，娱乐活动的恢复客源，包括家庭亲子的出游，给我们旅游市场一个新的补充。这种客源结构的变化，带来了客源需求的变化，导致推动了我们要在商业模式，要在产品品牌升级、重新重构，包括我们管理和服务重构，都是需要做一些深度的思考。

跟随国家高质量发展的步伐，以及行业高质量发展的要求，怎么样思考未来的三年、五年的发展路径，这是疫情三年来给我们的思考。当然对东呈来讲，我们疫情三年还是保持了非常稳健的发展速度，我们不仅没有死，还活得可以。一个是保持了充足的现金流准备，第二我们团队非常稳定，第三我们自己也是回归初心，专门找回我们创业的初心，怎么样从质量上、内功上进行锻炼，增强自己的内生能力，迎接市场恢复后的挑战。

戴斌：上次我到广州总部学习的时候，我问过一个很有趣的数据，当时看很多送餐的机器人跑来跑去，我问了一下，我说你可以告诉我，一个东呈的酒店，一天之内响应多少次那个机器人？我打电话也好，送餐也好，机器人往房间跑多少趟，当时告诉我一天大约有 100 次的响应，我算了一下，可以省多少人力物力。现在有没有更新数据，在数字化应用方面，有没有一些有趣的例子，或者有趣的数据跟我们分享。比如机器人是为了好看？还是比人送到房间更有效？还是怎么着。

吴伟：有关机器人目前是这么看的，由于硬件机器人还是说是软件的数字化，机器人这方面对于酒店目前解决的仅仅是一个输送方面比较多。在对答、引导、应对聊天这些方面，感觉还没有达到应用级完全成熟的层面。包括送餐送物，上次戴院长来到我们集团曾经问过，我们觉得这个目的还是占了 20% 左右，对于人力的节省目前也没有做最新的很详细的统计，到底能节省多少人力，但是可以节省很多的人力额外的劳动，减轻了我们员工的负担。目前是这么一个水平，我们觉得还没有很深入。

戴斌：我们数字化或者科技的应用还没有达到我们预想的成果，是这样吗？

吴伟：是的，科技的应用，我觉得是日新月异，包括研究 ChatGPT 应用也在提上议事日程，科技变得太快，我们不是投资科技的人，而是应用科技的，我们作为酒店这样的传统行业，每个时代都有最新的科技，就像我们 20 世纪 90 年代也有互联网，我们需要拥抱它。我们首先是在理念上拥抱认识这些科技，不仅包括机器人，还包括了新材料的应用，包括了 ChatGPT 怎么样运用在管理上，这对管理上的效率提升、人员节省，主要是管理人员的节省这方面的潜力是非常高的。但是对一线的服务人员，我们曾经看过有无人酒店、无人酒吧的出现，我们觉得这方面的节省，或者说这方面的应用，可能是需要谨慎的。因为我们觉得，行业到了一个运营的阶段，现在是一个精细化运营的阶段，高质量发展、精细化运营的阶段，更加需要回归服务业的初心，到底服务是由机器承载还是说我们需要见到的是一线的服务人员，而不是模拟的智能化的机器。这是我们思考的。

我们集团主要还是侧重于管理效率的提升，还有如何节省中间环节，包括大量的管理团队的环节，而不是说要在一线省多少人，甚至是达到未来的无人化服务。但是包括前台的自助入住，包括APP的运用，包括APP小程序如何使客户和员工提升服务效率以及响应速度，这是我们应该重视的。但是最终服务还是要回归本质，还是需要有人、有温度的服务，这是我们行业最底层的逻辑。

戴斌：谈到这个问题，非常值得大家共同思考，就是我们对科技在旅游业中到底扮演什么角色，我们应该以什么样的策略提高科技含量。您提到温度，我蛮感动的。听了太多的业者，特别是互联网基因的企业进来，一说就是大数据，AI人工智能，你有没有想到没有人工哪有智能？我给任总多留一个问题，您回答第一个问题以后，再说一下到底怎么处理人工和智能之间的关系。

下面是我们更朝气蓬勃的面孔，就是胡健，泡泡玛特，很多人觉得是做零售的，跟胖东来一样的，很多博士后跟我说过您的一些项目，我想请教的是，怎么想做一个泡泡玛特的城市乐园，从一个零售商到一个运营商，您觉得您有哪些优势？面对这么多已经在位的老大，您有什么优势？

胡健：院长的这个话题，不敢说优势，先说一下，这是我第一次参加文旅论坛，一般是新消费新零售会找我们，比较对口。坦白讲，大家知道我们可能更多会提到盲盒，或者是IP潮流玩具。我们当时的逻辑就不仅仅是玩具，当时我们是做IP，我们是让零售先做了商业化，但是我们没有忘记做IP这个事情。我们为什么做文旅，我们每个IP人心中都有一个终极梦想，我不说那个品牌名字了，大家都有这个感受。我自己对公司的五年，中期的规划，我们有两件事要做，对我们来讲一直面临的就是增长，包括上市之后投资人对我们的期望也是增长，怎么增长。我觉得有两条，横向来讲，我们现有业务的扩展，我们中国市场还没有做透，包括一二线城市有一部分，下一步是不是要下沉，这是我们要思考的。疫情也倒逼我们在2022年最难的时候，真的去开拓海外市场，这是逼我们出去的，没办法，但是走出去的效果超出我们预期，2023 年业务会占到我们整体的 20%。这是一个横向扩张，我自己觉得这是中期的战略，长期来讲是一个纵向发展，纵向的核心，我们做 IP 的，还是把 IP 做深做厚，为了让周期拉长，持续保持新鲜度，我们要往这个池子里面投东西，内容投入是我们重点。我们电影已经开始筹备了，游戏也会在 2024 年上线。坦白讲我们是想把这两个业务做完以后，再做乐园的，乐园对我们来讲也是产出。北京朝阳政府希望泡泡玛特作为朝阳企业，做一些城市更新，希望看到朝阳公园这个项目的时候，人们脑子里面就有画面感了，没有那么理性的分析，就决定先把这个东西启动了。核心来讲，您说有没有经济考虑，当然有，但是我们做完调研以后，我们文旅行业真的没有那么性感，对我们传统行业来讲，真的太重了，投资周期又很长，回报周期很长，ROI 也没有那么好的数字，相对我们现在的零售。但是长期来看，不仅是经济的事情对我们品牌的定位提升以及我们整个 IP 做深做厚，我们有一些内容传播到泛人群，这是非常重要的。我们第一任务是把 IP 做深做厚，做品牌。

戴斌： 您是男生中比较年轻的。您有什么担忧吗？比如说坐在您身后的周总，他除了大的景区，还有一些长恨歌的项目，这边江苏文投还有大剧院，您跟他们比有什么优势，敢进入旅游这个行业？或者说进来的时候没想过，进来一看这么多大佬，有没有担心？

胡健： 也不是担心，我们跨界过来做这个事情，把零售这个事情做了十三年，我们才做到及格线，在零售还有很大的空间，更别说做文旅了，我一直说我们是小学生，我们做这个事情调研的时候，应该是拜访过国内大部分和乐园相关的公司，我们对这个行业充满了敬畏，很难的。包括您刚才说的前辈，他们在很多方面，都有我们所不具备的能力。但是跨界者有跨界者的东西，我也没有那么多包袱，没有那么多条条框框，大家以前觉得必须遵从的事情，我们可能是没有认识到，我们不信，我们也有第三方顾问，也有咨询公司，给我们提了很多意见，我们也没有完全按照这个逻辑来。所以我们的好处是打破了一些东西。第二个，能支撑我们做这个事情的点，坦白讲还是因为主业现在足够健康，因为我们找到了中期的发展道路，这个主业给我底气和耐心。

第二个是我们主业和文旅项目，经济上是捆绑的，我分享一下，开业不到两个月的时候，我们统计完数据，二销占了 72%。坦白讲也有一些吐槽，我也看到一些网络评论，说泡泡玛特真的是花钱进去买东西，我承认，我们有很多不足，我们有很多需要提升的部分，但是这个数据也让我们有信心在未来降低门槛，因为我们二销的能力是从原来的主业带过来的。可能这个给了我们一些底气，不那么着急做一些动作，可能还希望再投一些东西进去，把我们的短板补上。这可能是新从业者的一点点差异化。

戴斌：我为什么把周总的名字提出来，为什么说这个问题呢？因为早些年互联网进入到旅行社行业的时候，火药味非常浓厚，基本上我坐上面，对不起你下去。但是去哪儿不是这样，很多时候那时候都面临着一个代际冲突，您听到两个词句，敬畏、从容，也许是您的策略让周总他们放下警惕，哪天就代替了。不管怎么说，这是一个良好的生态。

年龄大的同志容纳年轻人进来，年轻创业者进来以后保持一个对行业的敬畏心，该赢自然会赢，不用打嘴炮，这才是行业应该有的态度。也给你留一个问题，您怎么样和我们旅游集团 20 强，怎么处理和这些业者的关系，您和销售商有很好的经验，怎么样处理和文旅界的友商关系。

我把民营企业先放在前面问，因为大家对市场敏感性更高，接下来该我们真正的大佬上场了，我们几个国有的大企业，也是我们旅游集团二十强的，过去是，不见得每次都是，但是永远是我们第一梯队的。南京旅游集团的葛飞总，过去三年，我们上午也发了一些南京旅游集团的示范案例，您对未来怎么看？过去已经过去了，对未来怎么看？对南京旅游集团这样的大型国有企业，又有很多重资产的企业，下一步又该怎么样布局呢？有什么经验可以跟我们分享？

葛飞：非常感谢戴院长给这个机会，跟在座的各位民营企业大佬在一起共话今天的主题：生活重构、旅游新生。我是一个新旅游人，我跟戴院长也是如实汇报过。前面的话题是过去三年，六位民营企业谈的，不能做到感同身受，因为我是一个新旅游人，但是从其中可以读到很多信息。戴院长也提到了，坚强、坚韧、坚定、坚守，最后才能成功。出题目的时候，我刚才也在思考，因为我完美错过了三年疫情，我是 2023 年元旦进入旅游行业的。但是不代表南京旅游集团没有在三年疫情当中吃过苦受过累。我换一种思想，换一种角度看这个问题，因为我毕竟是国有企业，可能没有大家的生存压力，但是三年疫情对南京旅游集团来讲，恰恰是旅游集团转入到发展的良性轨道上的三年。因为戴院长每年都到旅游集团去，每年也向你汇报一些新的产品，我觉得大家应该回过头来总结这三年，既然戴院长让我讲未来，包括旅游集团现在作为一个重资产平台企业，还存在什么问题和困难，我就简单先回顾一下三年旅游集团所取得的一些成绩，三句话。

第一，彰显了一个地方国有企业的担当。三年中每年完成十个亿的投资，没有裁员一个人，每年减免三个亿的房租，每年都给予了消费券的发放，以及相关活动的组织，守护景区的守护，守护游客和市民。

第二，我们苦练内功，走出了一条创新之路。我们推陈出新了一批具有南京地域文化 IP 特色的产品，包括熙南里街区等等，这几个项目都是在三年疫情期间投入建成和运营的。

第三，倒逼地方国有平台公司转型发展，真正走了一个纯市场化竞争的道路。所以今天戴院长把我安排在这一场的时候，我还在想，是不是已经认同了南京旅游集团已经是一个纯市场竞争的旅游企业。上一场对话会跟各位市长书记讲的最后一句话，我觉得对我们来说是感同身受，就是任何一个地方都要培养本土的旅游企业，我们就是南京市委市政府培育的本土企业。

说到 2023 年，有老总说了，数据非常好看，我们也通过数据来说，首先通过数据来看 2023 年旅游行业全面复苏，南京旅游集团的各项营收也创了新高，特别是利润，和 2002 年相比翻了四倍，数据背后我们还要分析自身存在的问题。从南京旅游市场来看持续火爆，有预测可能 2023 年南京的旅游人数会突破两个亿，可能成为网红城市当中数一数二的城市。但是背后所带来的一些问题，是市场的冷热不均。前面跟戴院长汇报过，现在火爆的还是传统市场，传统景区。一些新兴的景区，远郊的疫情期间打造的景区，目前来讲经营不甚理想。这反映的是什么，当时的投资过剩，现在我们策划、运营、创新能力跟不上，这是非常现实和迫切的问题。可能我觉得不仅是南京存在这样的问题，可能很多地方城市、地方政府都存在这样的问题。这又回到另外一个话题，地方国有企业要承担什么样的职责和使命？

戴院长点题讲了，作为一个重资产的平台公司下一步怎么转型？一定是面临这样的问题，可能这个问题在所有的平台公司当中，都会存在。南京旅游集团负债率 62%，已经从年初下降了 3 个百分点。南京旅游集团的利润最近应该还不错。还有一件好事，就是我们的上市公司，前面叫作南方股份，十月份成功更名为南京商旅股份，最近有七个连板。有业界评论说，是不是代表着文旅行业的龙头，这个我们不敢讲，因为我们体量还相对较小，但至少我们赶上了文旅市场复苏的机会让我们上市公司市值不断做大。

回到戴院长提到的这个问题，确实很难解答，因为我如果说能把这个问题完美解答了，那可能全行业太多同类型的企业了，我可以讲一些我们的痛点。首先是投资端的痛点，传统的投资、建设、运营的模式，现在看不能说走不通，但至少步履维艰。现在更强调的，回头看我们项目，我们更缺少的是前期的策划能力，后期的运营能力，过程中的创新能力。现在看国有企业最大的劣势，和民营企业家相比，我们最缺的就是这个。投资端以后再投新项目，我们已经非常明确，把策划、规划、融资、投资、建设、管理、运营一体化模式，全链条完善。现在更强调的是要有完善的投资运营、创新方案，我们才能够进行新一轮的融资投资和建设。我觉得也回答了上一场，地方市委书记和市长关心的投资怎么投的问题。还有从供给端而言，怎么走一个原创性的文旅产品的供给，南京是历史文化古城，南京的历史文化太丰富了，甚至于很多历史名人在南京遗留下来的一些遗迹，我们都不看重它，不重视。现在我们自己也感觉到，作为供给端，要打造基于历史文化、运用现代科技、符合消费观念的新的文旅产品。

戴院长您知道，我们现在做的长江传奇号，这是填补了整个江苏在长江段的邮轮市场，比如我们现在还在探索把十里秦淮的另外五里——西五华里打造为一个沉浸式体验场馆。我们的内容要立足于南京历史文化，这是从下一步供给端要做的事情。我们现在策划外秦淮河文商旅一体化的方案。

第三点，我个人建议，就是怎么提高策划能力，我们现在正在筹备南京旅游研究院，我们现在南京旅游研究院不虚做，要实做，要解决三个问题。一个是政策问题，对上争取对接，对下落实。第二个挖掘南京历史文化资源。第三，解决现在的痛点，如何盘活存量，目前经营还困难的企业。

我也是非常诚挚地邀请业界有强大策划能力、运营能力、创新能力的团队，能够跟南京旅游集团合作，在南京做更多的精品项目，出更多的精品旅游产品。

戴斌：谢谢。在我心目当中，南京旅游集团是在国有企业中间最为市场化的企业之一，我不能讲只有一个，是在市场化的企业中间，最为专业化的公司之一。我每年都要去学习。您刚才提到建立南京旅游研究院这个事，这个方向我是非常赞同的，我这也发出邀请，我们每年四月份有一个会议，是面向学界的，我邀请您过去给我们讲讲，怎么样建一个企业的研究机构，或者说应该承担什么角色和定位。同时也给您留一个问题，作为一个地方的国有企业如果像我们巫山的曹邦兴邀请您投资，您会去吗？他那边有很好的资源，我们能不能去？

下面还有一个话题留给游总，游总原来是我们四川厅的副厅长，党组成员，刚刚到任董事长，祝贺您，承担了更重要的角色。听了大家这么多的交流，特别是一些民营企业的观点，他们的观点对您办好川旅集团有启示吗？或者有什么样的启示？

游勇：非常感谢戴院长给我这个机会。我是老旅游人，从事旅游工作25年，但是主要是在行政。同时也是一个新旅游人，我到集团工作不到1个月，今天到这里还是感觉，题目"重启"，对我个人是重启，对我旅游业的工作方式也是重启，我是感同身受的。

刚才戴院长给我提了一个问题，我的感觉这三年过来，最深刻的是两个字，冷暖。我们大家都有很多体会，也有很多感受。以前的"冷暖"是什么？我现在看见的"冷暖"是什么？现在是感受到了"冷暖"。现在我不能无能为力，我这么多的员工，三年来虽然没有裁员，但是生活质量、对美好生活的需求，落在我们的担子上。他们给我最大的感受就是坚持、拼搏、创新，对我来说，对国企来说，也是我们的短板，也是我们的发展方向。

戴院长，我非常感谢您，您今天让我参加这个活动，您提到葛总，我刚刚也在思考国企怎么干，我个人认为就两句话。第一还是必须完成好省委省政府的战略部署，服务国家战略，这是责任。第二句话，戴院长今天写的，一定要贴近生活，贴近生活才能够寻找到发展的商机，才能找到企业做大做强、服务国家战略的能力。这里面前提是我们国企的改革、机制体制创新、投资项目等等。

我感觉作为国企来说，面对疫情三年以后的重启，更多是一种回归式重启，面对新的市场变化的重启。国家刚刚开了中央工作会议，从稳中求进，到以进促稳，这样一个大环境的重启。还有我们产品打造的重启，我们以前是门票经济，或者度假旅游区的土地经济，现在更多是一种"近者悦，远者来"，是消费，是老百姓的生活经济。旅游最大的根本是什么，是"生活在，旅游就在"。有生活就有我们的旅游，就有我们发展的空间和根基。

我感觉各位企业家，你们在市场可以打拼，我们国有平台有这么好的资源，一定会后来跟上，携手共进。

戴斌：谢谢。进入角色很快，我刚才说了一是祝贺，第二，也是觉得您谈得非常务实。做企业，特别是国企，务实的精神和忧患意识比什么都重要。

特别是国企的责任，岭南董事长讲过一句话蛮有意思，他说国企就是公转和自转的关系。自转是按照企业的规律办事，公转是要与国家战略和地方党委政府的战略相向而行。这块您谈得非常好。

给您的问题是什么呢？如何把这种忧患意识和市场能力传递到你一万多名员工中间去？我们都是各个领域承担着领导一个机构发展的责任，有时候很难处理这个问题，可能很多人觉得，我不是彻底躺平，45°躺平的人，您怎么办？

我们刚才留了一些问题，大家可能都已经有答案了，孙总您先说说。

孙坚： 如何和政府打交道，我觉得其实非常重要的一点就是先要看清楚大家的角色，这是非常重要的。因为我如果都站在各自的位置上就很难打交道。因为从政府的角度来说，比较宏观，从企业来说比较微观。本身就是一对，不能说是矛盾，但是不是同一种语言的交流方式。我这么多年来我总结了一下，从政府的角度来说。第一是概念，一个新的概念要打造，比如美丽乡村，发展旅游事业。这是一个概念。对于企业来说，一定是产品，是内容。单打造美丽乡村这个话来说，没有一个企业可以落下去，不知道要花多少钱打造，最后出来的结果是什么，没有办法衡量。一定要落到一个产品。

第二，从政府的角度，更多是一个任务，就像刚才说的，你承担着这个任务。包括我们首旅，我们在长安街的酒店，每年的两会，一百周年庆等，这都是任务，这是你国企要担当的事情。

戴斌： 说到两会我补充一下，我是政协委员，我每年两会的时候做提案，他们说每年写这么认真的提案，你知道吗，我们一个两会，我们加起来政协是2100人，那边2900人，投入的保障力量差不多100：1，我们不努力干活，怎么对得起您。

孙坚： 这是从政府的角度，但是从企业的角度，微观就是用户。当然政府一定是为百姓的生活，为人民的美好，这是没有问题的。但是它的本质还是一个任务，到了具体的企业就是一个用户，要实实在在地知道这里有没有流量，有没有客人，能不能为你的产品创造最后的经济价值。第三个，略微小一点的，政府关心节点，比如说开工了，开业了。企业关注的是持续运营，是一个过程。这个就是角色。这是站在各自的角度，这是角色决定的。如何打交道呢？我觉得我们要找一个相对共识的"中观"，不仅仅是旅游行业，很多行业大家觉得不舒服，就是宏观和微观上所谓的角色定位差异，也不是绝对的对和错，就是有差异，是事实存在的。

所以中观上，最近这段时间我们一直在聊，跟很多政府聊美丽乡村、新的郊野度假，包括新的休闲旅游，我们聊的时候，我说第一先不要看作是一个任务。刚才葛飞总也说了，文旅的本质就是百姓的烟火。如果一个城市，首先把城市的民生基础建立起来，从这个角度来说，就没有那么多的所谓冲突了。你看今天很多的城市，比如长沙、重庆，包括您说到的南京，从酒店的数据都可以看到，我们在中国八百多个城市中有酒店，我可以看到每个地方所谓的文旅行为的变化。长沙是一个非常好的例子，我这一年一直举长沙的例子，疫情前，2016—2018 年，长沙在休闲旅游城市竞争力上，是在第十六七位，我们一直认为本地生活在长沙很好，为什么休闲旅游没那么好？现在再看长沙，在排行榜的第五六位，现在本地生活已经成为这个城市吸引其他城市来旅游的一个重要核心了。在地生活的本质已经真正转化为休闲旅游了。这就是我对中国未来休闲旅游业最大的信心和希望，这个以后旅游业就不是目的地，只是看看山看看水，而是一个基本生活方式。这是一个万亿元，至几十万亿元，甚至上百万亿元的，是一个生活本质，不要分得那么细，已经融入到里面了。这是一个基础水平。

第二，一定要找到特色，这个有一个名胜古迹算不算特色，算特色，但是这是一个静态的特色，我们尽量要找动态的特色。因为社会在变化，还是回到刚才我说的，如果今天看用户，95 后的用户已经 25 岁以上了，28 岁了，未来的用户都是 2000 年以后出生的用户，就像今天说还有年轻人关心你和田玉有什么价值吗？可能不是他关心的地方。我们依然要看你的动态特色。最起码让静态的人文古迹变成动态化的呈现，不然怎么跟消费者用户沟通呢？没有办法沟通。这是我的一些体会。

关于数字化的问题，我对第二个问题更感兴趣，这是未来。以终为始，世界在以数字化技术为连接，这是不可逆的，从这个角度来说，人的生活，未来所有的商业，经济活动和产业的发展，如果离开了数字化，离开了智能，离开了技术，那可能就不能成为独立的商业了。从这个角度来说，我认为没有一个企业应该拒绝未来在线化、技术化和智能化的发展，这个不成立。但是怎么做？有什么阶段？我觉得我们不是一个原创的科技企业，我们不会研究今天ChatGPT4 的源代码，但是我们会关注它的应用。人工智能我讲三个，第一，肯定是时尚，就是时髦，因为今天很多的年轻人会因为你有送货机器人而选择你的酒店。第二，必须要找到部分刚需，就是效率。今天已经在展现了，三年的疫情以后，今天自助办入住已经达到 60%，就像机场的值机一样，未来无人值机完全可以具备。当送货机器人跟新零售做结合，这个当中的利润空间就可以成为未来的盈利空间。这是刚需。最后是主导，是基础。为什么是基础呢？因为最后这个酒店大多数是机器管的，人要真正的到服务上，这就是酒店最早的概念，是百分之百面对人的，工业化以后变成酒店，所以用流程做。我们今天用机器代替流程，让人回到最早的概念，这就是未来酒店可能的方向。

戴斌：谢谢。今天有很多市长书记在，我希望大家要多一些相互理解，对我们做企业来说，我们过去听童话，王子和公主历经千险在一起了，后面就没了，以为他们过上幸福生活了，其实才刚刚开始。但是也不能让书记市长天天盯着某一个企业，他主持完这个王子公主的婚礼，还有其他的婚礼。我们怎么理解？倾听。您讲的时候，我们郭市长就在认真记录。

我觉得你们很多地方，要组建文旅顾问委员会，我如果可以接，每个县都可以接一个顾问。你可以找孙总做你们的顾问，不要认为博士教授是专家，他们更厉害。市场是第一条，大家要互相倾听，我们大家就是互相倾听。

任芬：我尽量简短地回答一下您的问题。就您说什么样的关系是好的政商关系，其实就是在问说企业是想要一个什么样的政府，或者说怎么样是好的营商环境，这是我 2023 年被问得比较多的问题，2023 年很多委办局都到企业调研。

我觉得我们企业面临的政府关系分两类，第一是监管项的，我们必须面向行业主管部门和属地的监管。去哪儿跟其他的旅游企业还不一样，我们既属于旅游行业，也是一个互联网平台。所以我们面临的政府部门会更多，包括市监、发改、网安网信，都有。在这个地方我们想要的是一个什么样的政府呢？总结下来是两个关键词，一个是公平，一个是稳定。

什么是公平，我们总部在北京，跟北京的委办局领导打交道，基本开口第一句话，看北京首先是从政治上看，我们在北京可能面临的约束是最严厉的，这是公平的问题。

什么是稳定，你政府应该怎么样对待企业，对待民营企业，对待互联网平台，能不能有一个稳定的政策和态度。不能昨天觉得我是小甜甜，今天就觉得我是牛夫人。这是我总结的两个关键词。

第二类政府关系就是合作项的，包括今天来的很多各个地方的文旅局，涉及到企业在当地的投资，和政府的合作。在企业内部这两类政府关系是归属于两个部门主管，虽然这不属于我主管的部门，我尝试回答一下，合作项的关系应该是平等共赢的，谁也不能让对方吃亏，否则这个买卖肯定不能长久。第二个，您提到关于目的地营销方面，感觉我们做的动作会比较少，首先更正一下，我们也不是什么都没有干，还是干了一些事情的，疫情期间我们就以独家的平台承销了北京文旅局的三千万的旅游消费券，2023 年我们也帮助了湖北湖南，南京不知道有没有，如果有的我们可以和葛飞总沟通一下，我们帮助很多地方文旅发放旅游消费券。第二，我必须承认去哪儿网在这方面做的动作并不多，我们没有投入太多的资源和精力做这个事情。为什么？原因是两个。第一，这么多年我们一直没有做和自己主线战略没有太大关联的事情，我们在做这件事情之前一定问，这个事情可以为我们用户带来的价值是什么？如果可以带来好的产品，好的价格，说实话有没有独家的战略合作，都会愿意帮他做。第二个是我们自身的能力问题，到底匹配不匹配，我们能不能达到政府的诉求，我们在这个过程中寻找一些和我们匹配的机会。

姚培：您问到我这个问题的时候，我第一时间就想到了一个当地的领导反向问了我一个问题，说现在影响力非常好，如果其他地方也建一个，我们竞争力不就下降了吗？半开玩笑半当真地问了这个问题以后我很官方地回答了三条。第一，我说这是一件不是非常容易的事情，或者说这是非常谨慎的事情，我们讲河南不断代的三千年五千年的文明，厚重的文化。第二是导演团队在这个项目上长时间亲自下场的编创，不算案头功夫，仅仅是住在现场，一个动作一个动作，一句一句台词地抠，就直接住在现场，这样的一个工作状态是很难复制的。第三，建业在这个项目里面的情怀，作为一个本土企业离不开，走不了，要对自己的投资负责任，要对这四个字，"只有河南"这四个字负责任，我们是付出了极大的时间，资金不用说了，资金、时间和心血，回应您和胡总交流时候他经常说的八个字，挖掘、保护、传承和光大中原文化。听起来很像政府和国企提出来的，但却是一个民企在做的事情。我们团队由于对文化项目由衷地热爱，王导也会在不同场合，朋友圈、微博，通过各种方式表达双方之间的相互信任和对产品的支撑。就在刚刚他还发了朋友圈，表扬运营团队让他如何如何自豪。当地政府肯定不希望短时间内有那么多"只有"系列出现。

接着正面回答您这个问题，就是如果说要有输出的话，我们做不做？您问到这个问题，我第一反应就是说我们输出一个文化项目或者输出"只有河南"这样类似产品的时候，我们究竟在输出什么。理性地判断，市场对于这种休闲度假类产品的包容度很高，可能一个区域就可以有好几个这样的产品，对文化产品究竟包容度多大，我们可能需要经过理性的分析以后才能判断。

戴斌：迪士尼也不是一家，就看市场多大。我们国企会有这样的阻碍吗？如果到巫山投资，南京市委会不同意吗？

葛飞：这个问题我不知道怎么回答。我们董事长讲了，我们首先要服从本地市委市政府的战略要求，您给我提这个问题我正在整理。首先我们要有一个共识，文旅项目的投资是一个市场行为，如果定义为一个行政行为，那么对本地的市委市政府要负责。其次，我们要有一个前提，就是遵守从策划、规划、融资、投资、建设、管理、运营一体化的市场规律。要按照这个标准研究这个项目。最后，想做成这个项目，当下看有两个关键点，第一，策划团队、运营团队必须是一家，而且要有强大的运营能力。第二，必须是长周期、低成本的建设资金，因为旅游基础设施是五十年回本。

戴斌：谢谢。国企不好出去，民企是不是更容易出去？我们下一个投资项目是什么？

罗军：确实，我自己创业三家企业，第一家乐居，2009 年在美国上市，第二、第三家是途家和斯维登，都是行业的翘楚，都是头部企业。我分析下来是三个方向。三个条件促成一个方向，第一，一定要和国运、资源同步，换句话说市场要什么。比如我们现在做的事情就是把闲置的不动产分享，这是很重要的第一点，一定要有市场，一定要有需求。我现在比较开心，我们这个行业大量的地产形势不好，大量的资产在那边。第二，和个人爱好有关系，因为你想打游戏累不累，但是为什么他不感觉累，因为他爱好。第三，是和优秀的人同行，这是最重要的，我用两句话说。我们在两三年前疫情的时候，我们获得大量的优秀房源资源，这就是和优秀的人在一起，你不能只考虑竞争，还有合作。人们创业是拿投资人的钱，所以会出来很多情况是骗投资人的钱。但是疫情三年，我们走过来了，而且我们利润非常厉害，我们的规模成长也很厉害，是投资人帮的忙。我当初选的投资人，他们也对这个行业非常有信心，他们甚至比我还坚韧。这个过程中，我们很多股东出力气帮我们，大家和资源同步，和个人爱好同步，和优秀的人同步。

戴斌：您想进哪个赛道？下一个投资的领域是什么？

罗军：我想下一个投资领域一定还是在旅游，但是在旅游的细分，有一句话，刚才我已经说了——旅游已经不是一个简单的产品，是一种生活方式的重筑。

戴斌：小胡，你听了大家前辈也好，先辈也好，你有什么启发，对这个行业更有信心还是觉得没有信心了？

胡健：肯定是更有信心。坦白讲我们做零售，前几年遇到的经济压力很大，我们 2022 年也关了很多店，员工在家里面，但是面临的问题比在座前辈要小很多。但是在今天这个场合还有那么多的信心和那么长远的规划，这是激励到我们刚刚入局的人，我肯定是信心更足了。

吴伟：未来这个行业里面的蓝海，应该有几个方面可以考虑的。一个是我觉得行业一定要跟随国家战略，拥抱 ESG，这个是第一个，ESG 也许是未来企业的一张门票，所以 ESG 这方面应该是很重要的方面。第二，酒店和文化的融合也是一个很大的机会点。第三，包括银发市场，中国已经进入了一个银发年龄段为主体的消费市场崛起，银发市场的关注是未来酒店业很重要的一个方面。

戴斌：谢谢。游总，您怎么把责任传递到一万多人中去？

游勇：忧患意识。这是一个永恒的课题，我们四川省旅游投资集团也是在这个环境下走过了疫情三年，我们一是把传统的优势做强，酒店、物业、商会、流通。第二是布置新产业，比如大健康，体育旅游，文旅融合。第三是坚持初心，不断走下去，走市场化的路，建立市场化机制。

怎样传递到职工中去，我认为这是一个管理学问题。在座各位大佬，还有我们企业家朋友比我厉害，从我个人来说是三句话：第一是尊重人性，第二是尊重契约，第三是尊重文化。

尊重人性，不管员工也好，个人也好，对美好生活的追求是不会变的。企业发展好了，有收益了，员工就会更努力。当然有不同的员工，有躺平的，但是躺平背后有原因，我们要尊重人性。第二个，工商资本也好，企业也好，发展的底层逻辑还是契约精神。我通过企业的改革，核心是机制体制、薪酬制度、绩效管理，这样的体制机制规则的建立，约束管理好员工。第三，文化自信是最根本最持久的自信，企业必须有文化精神，《亮剑》中讲的，我们都有一个脑袋，为什么他能上我不能上。文化精神是一个企业解决这些问题的关键。

戴斌：谢谢游总。

我首先要感谢我这一场的对话嘉宾，真正做到了无剧本演出、无底稿对话。我看了一下，大家都没有拿稿子。我们终有一天要走向国际，如果企业家还拿着稿子说，就会比较麻烦。第二，我想每个企业都有每个企业的特色，他们的成功从技术层面讲，有的是成本领先，有的是技术创新。有一点是共同的，就是始终为了人民美好的旅游生活，疫情期间我反复讲过一句话，没有任何力量可以阻挡人民对美好旅游生活的向往。过去没有，将来更不会有。

我今天还想说一句话，哪怕在最好的时代，也会有这样那样的风险，所以才需要我们企业家以夜不能寐的忧患意识，以卓越的经营管理能力推动这个行业健康可持续发展。希望在即将迎来繁荣的时代，我们各位旅游集团的领导者、各个企业的创新者，还有即将进入的创业者，包括小胡为代表的新生代，在这个行业中间都能够获得更好的发展。

谢谢大家，这一场到此结束。

旅游集团领导人对话会：商业思想与市场力量

——戴斌院长与旅游集团领导人对话观点摘要

12 月 12 日，在 2023 中国旅游集团化发展论坛期间，中国旅游研究院戴斌院长与开元旅业集团创始人陈妙林、春秋集团总裁王炜、海昌集团董事局主席王旭光、复星旅游文化集团执行总裁张建斌、华住集团首席执行官金辉、景域集团董事长洪清华、阿里巴巴集团飞猪旅行副总裁全腾、中国长江航运集团有限公司总经理丁磊进行了有关商业思想与市场力量的探讨。现将主要观点分享如下。

戴斌：各位同仁、各位朋友，这一场我想把第一个开场交给妙林总，过去三年过得好不好？过去的一年过得开心不开心？还有下一步除了马拉松、铁人三项之外，您还有什么打算？想听听妙林大哥与我们说一说。

陈妙林：谢谢戴院长，谢谢各位，戴院长比较了解我，也给我出了一个难题，这三年大家都知道，我唯一的目的就是努力地活下去，努力地活好。今天上午听了很多央企、国企的演讲，我很羡慕，也很佩服，毕竟是老大哥，他们最有发言权，他们不存在活下去的问题，都是活得非常好，还有更远大的目标等待着他们去完成。我这个三年里这样，活到现在还算好，因为大家可能知道，我们有两大产业，第一是酒店业，第二是房地产业。房地产业不好过，三年的疫情旅游行业也不好过，我最大的成功三点，第一，这三年我降了 11% 的负债率，从原来百分之六十几，下降到百分之五十几，这是能够保证活下来的一个前提，我觉得这个也很不容易了。第二，我从 2017 年就开始把房地产业进行战略调整，调整基本成功，现在留下来的最后一块地在杭州，杭州的地肯定没问题，其他的所有的土地，原来该跟万科合作的合作，该处理的处理。很多人问我 2017 年、2018 年的时候，房地产是最疯狂、最好的时候，我说一个产业、一个行业如果进入一个疯狂的状态，它就离死不远了，所以 2017 年、2018 年我就开始调整，如果要到现在调整肯定来不及，可能今天戴院长不可能让我坐在这个台上，更重要的是在戴院长旁边坐着，我感到非常荣幸。

这三年调整下来，虽然利润减少了一半，因为我们的房地产没有了，但是2018年至2020年，疫情的第一年，我们还有七个亿的利润，2021年还有六个多亿的利润，2022年还有五个多亿的利润，每年降一个多亿的利润，2023年预计到上个月为止三个多亿，大概2023年四个多亿没问题，总算调整成功，每年还有利润。以后的话基本上就保持这个水平，因为房地产一大块业务就没有了。旅游业我们做出调整了以后，房地产的八九千个员工，我们一个都没有辞退，这也是我们最大的成功。我们把这八九千个人全部转向：第一做文旅；第二做商业，因为我们留下来的还有很多商业资产；第三搞代建，搞建设，就是房地产的工程人员搞建设，总算能够顺利过关，没有人写我的举报信，也没有人到我办公室来闹事，这个就是我们三年来的情况向大家报告，向戴院长报告。

戴院长的第二个问题，下一步我们怎么办？刚才很多企业家演讲了，他们对旅游行业充满着希望，我认为希望总是有的，困难也总是存在的，在这个困难的情况下，我们想用我们灵活的机制的优势，用我们调整好的健康的身体，我继续还得跑马拉松，继续还得跑铁人三项，虽然年纪大了一点，2023年已经72了，但是我一定对我的身体还是自信的，对我的企业还是自信的，对我们国家的发展还是要充分相信的，在这里我想向戴院长保证，我继续还要奋斗在中国的旅游战线上，因为拜登八十几岁了还想下一届当总统，我想我当个创始人干个企业应该还是可以的，谢谢大家。

戴斌：谢谢陈总，听了以后也是蛮感慨的，我们一起15年了，2009年在深圳华侨城开第一届年会，我们陈总就在，一直保持着这股劲，刚才谈到国企民企，至今都记得我们在圣彼得堡开会的时候，当时中俄旅游年，几个大国企讲完以后自己的情况，陈总很谦虚地说他们都是上千亿的，我小一点，只有几百亿，讲完以后声音一下就提高了，说但是我这个企业我说了算，结果坐在下面的听众，俄罗斯那边招商引资的部门就到陈总这儿来了，算我们业界经常会聊起来的一个话题。做民企我觉得在旅游企业中间，对市场的敏感度最高，如果说我们有什么资源的话，就是企业家精神是最宝贵的资源，过去这些年走过来，感同身受，也衷心地为您取得的成就感到开心，过去六年，这三年期间，还有加起来18个亿的利润，这是了不起的。所以上一场因为部长在，这个发言人主要是以央企和地方国企为主，今天坐下来，真正的圆桌上，除了丁磊总以外，全是民企，所以既然说到民企和国企这一块，我想跟大家隆重介绍一下中国长江航运集团的总经理丁磊同志，丁总是长江航运集团，在旅游口中间可能不太了解，在江上漂的这个船，不管大船小船，包括吴淞口码头，包括我们昨天考察的长江游船，他是最大的老板，所以我们今天请丁总过来，一天半的会下来，您觉得旅游这个行业值得不值得进入？或者像我们董事会做的决策，从作为一个交通工具的船到一个生活方式的船，您觉得我们这些同志对你有启发吗？或者你希望跟我们在座的这些企业，不管是我们做酒店旅业的，还是像清华总做旅行服务的，希望达成什么样的一种合作？

丁磊：谢谢戴院长。非常荣幸，其实刚才和王海民聊了，因为海民总是中远海集团的，我们是招商局集团的，其实我们两个都是一个学校出来的，都是学航运的，都是从航运转到旅游来跨界了。其实中国船航集团还不能说是跨界，我们现在只能是擦边，总体来讲还是做航运为主，我们两个主业就是江海联运，还有游轮旅游。游轮旅游这一块其实老实讲我们是个老兵，长江集团做游轮旅游应该是长江旅游的开创者，1979 年我们的昆仑号转为游轮，开拓了长江旅游的行业。一路以来，我们还是以航运为主，但旅游这一块没有形成完整的产业链，我们 12 月 9 日请戴院长专门去了武汉，召开了一个长江文旅推介会，也发布了长航文旅的品牌。整体来讲长江集团做旅游的话有三块，一块是长江游，我们有长江三峡的三艘游轮，也有一条长江三号，应该是目前最好的一条长江游船，我们还有三个城市的滨江游，从重庆、武汉到上海，上海这边昨天各位领导也上了我们的一条船长八号，那是我们和携程一起合资的，在上海浦江游览这边有四条船。更重要的一个是吴淞口国际邮轮母港，我们占了 50% 的股份，并且是我们运营的。所以对于长江集团来讲，我们是有一个旅游整体的布局，现在来讲也发布了长航文旅的品牌和整体规划。

现在回答戴院长的问题，首先我们认为旅游是大有可为，因为我们作为一个航运企业，因为我们上级公司是招商局集团，我们是以港航起家的，其实我们是传承于 1873 年成立的汉口分局，我们总体来讲两个核心部分，一个江海联运，一个游轮旅游，是我们的主业，也是集团里边唯一的一个有旅游为主业定位的集团。所以说从戴院长的分析和指导来看，我们其实深刻体会到旅游的发展，我们 2022 年也经历了，刚才陈总说的从活下来到活下去到走得好，2023 年我们整体的效益还是不错的，旅游板块后续我们会有一个长航文旅整体品牌的这样一个安排以及整体业务拓展，其实总体来看，因为这里坐的各位领导都是文旅集团的大佬，我们是个做航运的，我在想如何有我们的价值。我可以做一个比喻，我们做航运其实是有一个现象，有人做港口的，有人做航线的，各位文旅集团的大佬投的景点、酒店其实是属于种树的，种的是港口。如何去把这些点能够串起来，如何把旅游线路能够规划好，这个我是觉得我们可以通过长江的航线，可以把它串起来。长江是6300公里，承载了这么多的文化，如何把长江这些点或者说这些明珠通过航线给它串起来，串珠成线，扩线成面，这是我们现在的定位和后续的想法。

戴斌： 您觉得从运煤到运人，从卖船票到卖产品，需要补哪些课？或者下一步要调整的人力资源、公司战略，包括产品研发，你觉得我们在座的这些旅游集团的老总们，有哪些地方可以帮助长航从一个交通运输业的国家队成为旅游业国家队的一员？这中间你觉得需要补哪些东西呢？

丁磊： 其实您这个给我们的定位，旅游业国家队可能有点高，因为海民总在这里，我们不太敢跟海民总抢这个定位，至少从长江游轮旅游来讲，我们的定位要成为长江高端游轮引领者，至少是中国一流的竞争力。从这方面来讲，整体我们现在是八个字，船岸结合、文旅结合，船和岸肯定是要深度结合的，因为我们也比较过，我们说在欧洲的莱茵河旅游，还有欧洲内河的游船，其实跟我们长江相比，它只是看风景，而我们长江有深厚的文化底蕴，这个文化底蕴是他们完全不具备的，我们有几千年的文化，从上游的羌藏，中游的巴蜀，然后荆楚，到下游的吴越，是承载了我们几千年的文化积淀。还有一个深刻的体会，前一段时间有一个叫《长安三万里》的爆款影片，其实我看了之后我觉得应该叫《长江三万里》，讲的大量事情都是长江的事情，从这个角度来讲，我是觉得我们应该把文化和旅游深度融合起来。其实传统来讲，游轮是一个交通工具或者说一个承载的工具，我们重点在打造游轮本身就是一个旅游目的地，在船上的体验和岸上的深度文化挖掘，深度专题的挖掘，这是我们后续要做的第一个事情。

戴斌： 谢谢丁总，您刚刚谈到一个非常关键的词，就是文化和旅游的融合，您也提到了热映的电影《长安三万里》，我也在想《长安三万里》这么多人看，但为什么没有一个《长安三万里》的主题乐园呢？反而你去看迪士尼，刚开的疯狂动物城，清华总他们说很多年轻人弄张票都弄不着，包括北京的环球，他也是把IP给变成一个商业模式，为什么我们的《长安三万里》也好，长江三万里也好，没有变成一个旅游产品呢？留一个问题给你，你先想一想，然后我们再讨论一下。

接下来这个问题能不能请旭光总回答一下，作为海昌来说，也是新进的旅游集团二十强，在这么多年中间，无论是大的海洋公园，还是七十多家小海洋公园，我们在 IP 的打造上、场景的营造上，过去三年亮点不断，我想请教一下作为一个本土的海洋主题公园，加上刚刚开业的郑州的这个园子，我们对行业为什么有这么大的信心，可以不断地扩大我们的投资规模，而且不断地去创作包括海贼王在内的一些新的 IP 形象，有什么可以跟大家分享的吗？

王旭光： 过去的三年实际上除了作为民营旅游企业，大家共同的感受之外，海昌还有两个更痛的痛点，一个就是我们在 2019 年刚刚完成了 100 亿元的投资，建成了上海海昌海洋公园、三亚梦幻不夜城，郑州海洋公园 75% 的投资完成，但是 2020 年来了疫情。第二个海昌是一个经营杠杆非常高的企业，我们 85% 的固定成本在疫情期间是刚性支出，这两点可能是我们自身感受更痛的地方。

戴斌： 你那个养动物算不算固定成本支出？

王旭光： 我们整个动物的维生和动物的福祉这一块是很大的刚性成本，我们人员的工资可以压。

戴斌： 但动物不能压。

王旭光： 动物的成本不但没压，而且还要给它更好的福利，特别担心作为企业的 ESG，这一块如果出问题对我们是致命的，在这三年期间我们这一块不但没降还有提升，目前整个动物的保有量现在已经超过了 14 万，这个数据我们自己不好对外讲，可能是世界第一了，而且在很多珍稀的海洋陆生动物的繁殖方面，我们都走在全世界的领先水平。所以这也引出戴院长刚才提到的海昌在这方面干什么，为什么还有信心去做。这次会议主题是繁荣与重构，我也在思考，我觉得我们是坚持和守望，如果没有坚持和守望，也不能做到今天迎来繁荣与重构。所以在这期间，刚才妙林总讲了，实际上海昌做的事情也是一样，大量地把一些重资产业务做剥离，降杠杆、降负债。第二，把非主业的业务剥离，刚才妙林总是 2017 年、2018 年，我们 2016 年的 5 月份，把整个过去传统的旅游地产的商业模式、房地产业务全部都剥离掉了，否则这三年也过不来。在这期间我们做一些什么思考呢？既然在这个行业就要做百米宽、万米深，大家都意料不到的形势之下，我们的核心能力在哪儿？就在这儿，我们还能干什么呢？就是坚持和守望，总有迎来拨云见日的时候。

戴斌： 您觉得海洋公园或者总体上包括长隆这样的，就是动物的主题公园，在中国还有机会吗？

王旭光：海洋公园作为主题公园的一个类型，从 19 世纪四十年代开始到现在，它的生命力和市场力，我们认为还是有着非常大的潜力，但是作为产品的内容和呈现需要不断地做一些提升，做一些科技，包括 IP 的赋能，包括戴院长刚才您说的，这三年我们干了什么，坚持、守望之外，去杠杆，我们要做一些科技 IP 的场景和产品的融合，目前国内大大小小的海洋馆 220 家左右，我们了解是这个情况，海昌自身投建包括托管运营的在 40 家左右。

戴斌：我们占一半以上的市场份额。

王旭光：包括我们品牌托管的，不到一半吧，海昌这方面最主要的问题是我们的核心生物资产、核心竞争能力，这是我们最大的、最宝贵的。

戴斌：我请教这个问题实际上有两层含义，一个今天我们在座的很多是企业界，还有投资机构的，还有坐在主席台上的书记市长，大家更想知道，比如海昌海洋公园，如果你有信心，就说明下一步还要扩大投资，如果要扩大投资，你会往中西部地区去吗？

王旭光：作为投资模型我们是有一个非常深切的体会，大型的海洋主题公园在国内，我们从海昌自身作为投资主体来看，郑州建完之后，我们现在跟上海的国企合作了上海的二期，因为他做的是东方海洋旅游度假区。

戴斌：这个什么时候开？是 2024 年开吗？

王旭光：现在已经开了，2024 年投入运营。我们在北京通州，环球影城对面，跟通州区政府的投资平台又搞了一个北京海昌海洋公园，郑州的这个二期也正在建，这些布局之后，实际上作为我们来讲，这个百米差不多了，我应该往万米深去走。包括我们说国内 220 家海昌可以通过品牌经验，包括生物资产，包括一定的投入，做一些改造和提升，这是我们自身的战略。另外一个实际上作为我们来讲，也要落实国家"一带一路"的战略，我们受沙特政府的邀请，已经跟沙特政府的主权基金在沙特共同来落地一个民族品牌的海昌海洋公园，能走出国门，能在"一带一路"上形成一个落地，这个 MU 已经签了，这个项目已经进入到实质性的推进了，这是海昌未来发展的一个策略。

戴斌：在这么多年的投资过程当中，对于海昌这种动辄以数十亿投资的大项目，您最看重地方政府会给你什么样的条件？

王旭光：戴院长，您这个问题问得特别好，我也特别想跟大家分享的一个观点。妙林总很多年前讲过，做酒店超过 6% 的资金是要赔掉的，实际上现在做重资产的主题公园的 ARR，内部收益率做到 6 就已经是国际水平了，十六七年才能收回成本，现在民营资本的融资成本很显然远远高于 6 的。另外一个我记得有一次也是在二十强论坛的发言，讲重资产主题景区和主题公园的投资主体，现在大家想想还剩谁？头部的旅游企业这三年资产负债表损伤是很大的，我们大概将近四十亿元，全域性资本少了四十亿元，外资大家都很清楚，最好的迪士尼、环球影城，重资产的部分外资只是 43%，57% 是国有资本，房地产企业没了，第三方政府平台现在大部分有债务上限的要求，谁在作为投资主体？这个是行业一起要认真研究的问题。疫情三年期间，包括疫情之后，国家出台政策，重点研究如何把存量的景区主题公园资产的证券化盘活的问题。

戴斌：我想直接请教一个问题，像海昌这样体量的企业，有一定话语权和影响力的企业，您的间接融资成本，就是从银行贷款，不包括股权融资，间接融资的成本是多少？

王旭光：它是变动的，在疫情前是 4.85，现在要将近 7，疫情期间最高做到 8、10，那时候我为了续命，而疫情前不到 5，现在我们疫情之后在降，也要将近 7.7、7.8。

戴斌：陈总有这么高吗？

陈妙林：中国的银行，刚才讲的非常有道理，他是按照什么呢？按照你企业状况来给你确定你的银行贷款利率，我们也有高有低，比如说我们的酒店，酒店盈利性好的就给你下降，盈利性差的就是给你上升，比如说我们有一个森泊的品牌，中旅集团、港中旅集团也是我们的投资人，我们的贷款利率现在 3.8，还要求银行降，银行 2023 年会给我们降到 3.2。

戴斌：那就不错了。

陈妙林：但比如说像长春的酒店、开封的酒店，越是经济欠发达地区的酒店，盈利性肯定不好，盈利性不好我们最高的也会达到 6，他不跟你通算，他是一个个酒店给你算，你一个个酒店要抵押贷款，或者你一个酒店要上报经营性贷款，就是按照你的收益来给你确定的。

戴斌：陈总，这一次这个会议，除了形式上做了一个变化之外，其实还有一个变化，在中国做买卖，你离不开政府，政府又希望去招商。我希望大家能够互相倾听一下，各有各的难，各有各的诉求，但是知道谁是谁，你不能说我有几千年的文化，我有山山水水，你就一定来投资。刚才旭光说我有没有综合收益率，如果收益率 6 都算不着，那二十年的社会投资，基本上人家就不愿意投了。再一个就是成本的问题，我不是说你给我短期内免多少税，我的资金成本，如果你到 6 的话，在疫情期间我见过最好的央企是拿过 1.8 的资金成本，这个落差相当于是一个影子银行了，这种情况下你做实业怎么做，如果政府不解决这个问题，企业投资是不敢投的，所以今天陈总讲过一句话，就是旅游集团要回归企业的本性，你不能只是从旅游本身来看。所以我想这个问题金辉总这边应该也是有非常深刻的体会，也是 2023 年新进的旅游集团二十强的华住集团的金辉总。

金辉：谢谢戴院长，很荣幸参加这次论坛。华住其实在旅游业是一个垂类的企业，我们对旅游涉入不是太全面，大家对我们的了解主要还是靠着经济型酒店，像汉庭，中档全季，慢慢成长起来的企业。过去三年是受到疫情的影响，确实刚才几位老总讲的，一些资本市场的动荡，必然会对企业造成一些影响。当然疫情以后华住发展挺快，主要还是顺势而为，第一，企业有着非常坚定发展的信念，在中国这个世界最大的、人口最多的统一市场，成就一个世界级的酒店集团，无论是在逆境下、顺境下，无论是在疫情中还是恢复非常好的阶段，我们始终把它作为企业的愿景。所以有这个很强烈的愿景的召唤，所以我们也克服了很多困难。第二，过去华住不断地发展，也来源于对市场不断地创新，华住确实在刚才提到的像科技的创新、流量的创新，包括刚才有几位提到的人工智能的创新，我们始终在创新上花最大的投入，所以华住立志于成为一家与世界万豪、洲际都不一样的独一无二的新型的酒店集团。第三，华住也在积极利用生态建设，主要是建立人才供应链和整个酒店采购供应链的网络，我们整个产业的人才是非常重要的，华住也是第一个跟教育部达成校企合作，以及参与未来教材编制的一个企业，头部企业不仅仅是只光自己挣钱，还要带领整个产业的人才供应链的提升，所以在人才供应链和整个产业供应链上面，华住花了很多的精力，来确保产业的人才供应、确保产业的运营效率和质量的不断提升。所以华住也是致力于不仅仅是成为一家自己很挣钱的公司，而且面向整个产业的未来，带领中国酒店业走向世界级的理想。

在资本市场，华住 2020 年在香港做了二次上市，跟戴院长汇报一下，我们最早是在美国上市，2020 年看到国际形势的变化，我们坚定中国的发展，深耕中国，我们一定要把资本市场在两地都有安排，做了一些国际的 CB 融资、发债的融资，所以在疫情三年整体来讲，国际资本市场的稳健性还是比较强的，虽然国内有很大的压力，但整个资本市场我们觉得还不错。我也看到可喜的一面，刚才提到了金融的问题，我们在过去几年一直在推动什么？一直在推动对我们产业中小酒店的投融资，华住通过产业深度的深耕，数据、信息、全产业链，从营建到运营到未来的经营预测，到现金流的管理去帮助银行，其实银行最大的挑战是什么？他们以前很难去通过高效的方式介入中小微企业的贷款，他们的管理成本太高，我们现在慢慢地推动，像中国工商银行、招商银行都已经开始介入我们产业了，他慢慢地看清楚，也理解了怎么对待中小微酒店。因为我们酒店投资比较小，不像妙林总都是几个亿的投资，我们很多酒店就是一两千万元、两三千万元的投资，银行愿意放个五百万元、一千万元，而且利率相对是比较合理的，所以也是一定程度上推动了整个产业的繁荣和发展。所以华住也在积极对接整个产业链，我刚刚提到了生态的能力，结合银行、供应链、产业自身的数据，搭建一个比较高效的生态能力，这些方面也在做努力。

戴斌：您刚才客气了，您跟妙林总这边都是投资很大的，现在华住加起来多少家酒店了？

金辉：跟院长汇报一下，我们现在在全球 16 个国家运营超过 9000 家酒店，我们管道在建还有接近 3000 家酒店，我们预测结合中国市场的估算，在中国整个规模未来在 2030 年希望再翻倍，第一个战略千城万店开到每一个县每一个镇。

戴斌：就是市场往下面走。

金辉：下沉，一方面我们看到振兴乡村的策略，另一方面，随着中国高铁、高速网络的布局，使得人的流动变得便捷，所以第一个战略毫无疑问就是千城万店。中国两千多个县级市，我们希望都能布上华住的酒店，这是第一个战略。第二个战略，我们希望在中国的中高端酒店，不断孵化培育中国的中高端酒店，第一个是消费升级，第二个我们还有自己的一份理想，就是实现对国际品牌的平行替代，实现中国民族品牌崛起的这样一个想法。当然这个还有很多的工作要去做，我们确实在品牌、管理、体验上面，与国际先进同行还有差距，我们正视差距，不断地努力改进，夯实自身的能力。

戴斌：如果我用八个字来概括华住未来的战略方向，叫"市场下沉，产品升级"，你认可吗？

金辉：非常认可。

戴斌：好，下一步在产品升级这一块，你会创作新的品牌呢？还是在既有的品牌上通过品质的升级提高价格呢？大体是什么样的方向？

金辉：华住现在有 31 个酒店和品牌，我觉得我们核心的战略是不断提升我们产品的质量和服务的质量。其实在过去三年疫情下，我们做的最大的一项工作，通过产业链能力，如果大家有机会住我们新的汉庭，我认为我们新的汉庭已经成为世界经济型酒店产品的标杆，像我们马上推出的全季 5.0，这些一系列的产品，我们都希望在每个细分领域，都能成为产品质量最好，服务体验最好，2024 年华住还提出了卓越服务年的打造，我们希望核心是把自身既有的品牌、产品、服务、人才、科技创新要做好、做极致，这是下一步华住非常重要的一个战略，谢谢。

戴斌：华住在文化和酒店融合方面，在我心目当中走得是比较靠前的，这次年会之前，其实我们 2023 年还有一个创新，在文宣的时候，我请了妙林总，请了金辉总，还有郑华总几位老先生——不叫老先生，网友调侃叫"资深旅游男神玩转时尚"，我看抖音各方面发布量还挺大的，我们当时就定了这八个字，叫"生活重启，旅游新生"，为什么提议这个呢？第一，在我脑子中间就是要向华住致敬，李琦总在人义和旅游融合方面一直在探索。第二，我也希望借此机会，给大家改变一些做旅游的人，就是做生活，如果我们自己都不知道怎么去享受生活，怎么为游客创造更好的体验呢？我们自己应该是努力工作的人，也是能够引领生活的人，所以我相信只要沿着这个方向，我们就会立于不败之地。

在这个过程中，2023 年我还有一个印象特别深刻的就是地中海俱乐部，或者说复兴文旅这一块，前不久在南京的白日方舟、在太仓的阿尔卑斯，这跟海昌数十亿的投资相比可能偏小一些，但是又比华住要大了很多，我就想请问一下建斌总，我们为什么在当前的形势下，这么集中地开这些重资产的项目？是基于什么考虑？

张建斌：谢谢戴院长。我们的考虑是这样，因为从酒店数量来讲，没有华住那么多酒店数量。

戴斌：你要开出九千家地中海俱乐部，那就不可想象了。

张建斌：复兴旅游经过这么多年的发展，我们在旅游文化这一块形成了一些积累，这些积累我觉得有哪些呢？第一个，它有全球化的运营能力，地中海俱乐部有 73 年的历史，在这 73 年间，精挑细选积累了 70 家全球度假村，其中覆盖了四十多个国家，所以全球化运营能力是我们文化当中很重要的一个基因。第二个就是积累了一些好的产品，比如科拉曼、亚兰蒂斯这样具有非常好的中高端消费号召力的产品。第三个，我们觉得怎么样能够和消费者的需求链接，把全球好的 IP 和中国消费者的需求链接结合起来，我们也是积累了非常好的能力。

刚才戴院长谈到，我们为什么要去发展白日方舟这样的产品线，大家都知道其实科拉曼传统上来讲它是一价全包，它是目的地型的，在全球有雪村、海岛，那到城市里面怎么去发展呢？其实也源于我们两个方面的考虑，一个就是对于当今消费者需求的洞察，前两天我听了小红书的一个报告，说现在的年轻人、现在的年轻家庭，他们注重什么呢？一个是情绪价值至上，第二是自我表达，就是参与度要非常高，比较讲究参与，第三个是小众兴趣。这个里面其中有一个我不知道大家是不是了解，2023 年兴起了一个词叫原地旅游，就是不出城就旅游、休闲，作为复兴文旅我们有一个度假让生活更美好，这样的话我们就希望说能够在城市当中让大家有这种度假的感觉，不出城就度假了，这是我们基于消费者的一个洞察。第二个，就是把全球国际化的度假体验，能够带到城市当中的消费者来，让他们就近就能体会到这种体验。基于这些方面的考虑，我们打造了两个白日，在原有的两个系列，原来我们有一个目的地型的 PI 一价全包模式，还有一个就是距离城市两个小时左右车程的旅游。另外，我们在一个小时之内打造了白日方舟这个产品系列，这个产品系列解决什么痛点？我们消费者突出的几个感受，第一个，原地度假了，距离短、快速享受度假生活。第二个，可以甩娃，这是非常强烈的，我们核心客群给我们的标签里面，第一个就是可以甩娃，年轻的父母们既希望孩子过得快乐，也希望满足自己的情绪价值，所以在甩娃的度假模式上，我们有迷你营，有 GO 陪伴，解决了这个痛点。另外还有团建，他们希望在很好的体育运动设施、休闲设施的情况下，去满足他们团建的需求。

戴斌： 对于白日方舟这个事我再请教两个数据，我记得上次我去南京学习的时候，你们跟我说过一个数，在开票当天，你们创下一个纪录。

张建斌： 是的。

戴斌： 这个纪录在太仓阿尔卑斯项目开业的时候有没有复制？

张建斌： 有复制。

戴斌： 具体的数据能跟大家分享一下吗？

张建斌： 好的，南京仙林项目在开票第一天，首日 GMV 就达到了 5500 万。

戴斌： 当天 5500 万？

张建斌： 对，因为我们只有 220 间客房，大家知道这个体量，凡是做过酒店、度假村的都知道，这个预订量是很高的了。

戴斌：如果从一个酒店来说，妙林总，这个算一个奇迹吗？一个220间客房的度假区，开票当天达到5500万的收入，不叫收入，就是预订量，算是一个奇迹吗？

陈妙林：其实地中海俱乐部一直是我们开元学习的榜样，我们一直在我们森泊的这个体系，作为"亲子乐园＋酒店"的这么一个模式，地中海俱乐部一直是我们的榜样，所以他们的经营状况我们也基本了解，应该说是非常好的一个模式，就是进去以后什么都不用管，你带着小孩来，小孩也不用管，大人玩大人的，小孩玩小孩的，他们是采用保姆式服务，这对于中国的亲子家庭来说是非常具有吸引力的。所以我完全相信他们能够做到，这肯定是一个奇迹了，他们一定有他们的运作模式，但是他一定能做到。

戴斌：对我们森泊会形成冲击吗？

陈妙林：肯定有冲击，但是各做各的，因为中国的市场太大了，这个可以细分层次到非常细分的市场。

戴斌：建斌总，我觉得您回去跟小亮总他们说一下，能够得到妙林总的认可，我觉得你们已经成功一大半了。第二你也要注意，一个资深的企业家要向你学习的时候，你也要小心。这些企业家有时候聊天，你会发现谈的都是非常具体的，年轻的时候都要达则兼济天下的，只有经过八千里路云和月，才会谈风轻云淡的事情，跟家人怎么过得开心了，但回过头想一想，这才可能是商道中间的天道，请您继续。

张建斌：太仓我也说一下数据，因为太仓是以冰雪为主题，我们在开票的头两天是超过了7000万元的GMV，这是回答您刚才提的这个问题。

戴斌：太仓开多少间客房？

张建斌：太仓280间客房。

戴斌：那也了不起了。

张建斌：刚才讲到城市度假，太仓是以雪为主题的思考，太仓这个雪场项目开了，它的面积体量不是全球最大的，它是全球室内雪场里面排名第七，雪场大概三万方，但是我们创造的价值非常高，就是我们的这个价格平均比旁边的室内雪场要高一倍以上，源于什么？我们对于高质量的服务，高质量的产品打造，包括我们把科拉曼和阿尔卑斯的这种国际性品牌植入，再加上文化植入，这样就给了大家国际化的体验，这也是我们打造产品的非常重要的优势。

戴斌：我再请问一下5500万元也好，7000万元也好，这两次开票，有多少是通过旅行商来帮你卖的产品？有多少是我们自己的销售渠道卖的产品？

张建斌：我们目前大概在旅行社和我们自己来讲的话，是一半一半左右。

戴斌：为什么请教这个问题呢，因为前面几位，不管是丁总这样的大央企，还是民企也好，你注意我请教的都是资源型的企业，要么有酒店，要么有度假区，要么有长江，船都是我的，这里面给我们传统的旅游企业，还有非常重要的一类叫旅行商，不管是旅行社还是 OTA，都叫旅行商，在新的历史时期，清华总，我们怎么样去应对这样一种变化？游客回来了，回来的是不是原来的游客？市场的玩家当他们开始建立自己销售渠道的时候，我们传统的这些旅行商，包括 OTA 企业，我们怎么去应对？或者有没有感到这种变化？

洪清华：谢谢戴院长。其实还是回到三年疫情，民营企业非常苦，民营的文旅企业尤其苦，经历了最大的困境，我觉得有涅槃，也有重生，有重构有突破，就是您刚才说的，这一届主题非常好，重构往往是外部的力量逼的，经过疫情后，我们现在也形成了四个业务板块：第一个驴妈妈还是为游客服务，为我们的会员服务的，我们奇创集团稳中有升，这里面有很多的创新，景域在三年疫情中，尤其现在做了一些资源端的投资，以前说互联网公司越轻越好，我们董事会都不让我们拥有重资产的，但是现在觉得轻重结合有一定的厚度，你的公司才有抗压的能力。第四块就是我们创新出来的驴爸爸集团，驴妈妈是为游客服务的它是一个旅行服务商，但妈妈和爸爸的业务完全不一样，相反我们在这里面就做了很多产品端的创新，就是乡村振兴，跟国家大的战略，传统优秀文化创造性转化，包括文化夜游这样的产品，比如说我们在上海 2023 年尝试做了探秘山海经、元宇宙沉浸式的体验，这次也获得了中国旅游研究院的奖项，我没想到在上海的亲子游里面，我们排在第一、第二的受欢迎，我只有两千多平方米的地方。习总书记说，让古籍里面的文字活起来，让博物馆的文物活起来，让沉淀在大地上的遗迹活起来，这就是创造性转化、创新性发展。山海经这本书三万一千字，特别晦涩难懂，但是我通过这种新技术、新消费、新场景的方式展现出来。我只做了两千多平方米，一天有两千人进去，旅行服务商这边卖得便宜一点，六十多块钱，我卖一百一张门票，这受到市场很大的欢迎。愚公移山、精卫填海、夸父逐日这些故事在这里面体现出来，用国际上七大美学的方式体现出来，我觉得真的是喜欢。今天说文化，疫情过后文旅融合一定有更加的深度。我知道疫情前，文化很多的只是一个营销的口号，或者只是一个表皮，但是今天我们所有的，刚才说的酒店也好、景区也好，文化注入过后，才能有生命力，市场才会欢迎，年轻人才会喜欢。从饮食的角度，以前就是吃，吃饱就行了，二三十元钱的餐，今天就是美食文化，你不仅要把美食做好，还要有这种场景，甚至于现在就是 AR、MR 在展示你在埃菲尔铁塔下喝咖啡的场景。所以这里面要有大量的创新驱动才行，比如说红色旅游，我在金寨做了一个十万剧场，也是安徽省首个元宇宙剧场，金寨是将军县，有十万儿女参军，最后走到了人民大会堂的时候只有一千个人，所以我把当时的"立夏节革命武装起义"，把它完全用元宇宙的方式，20 分钟元宇宙，然后用沉浸式、穿越式的方式展现，现在试营业很受欢迎。我就举两个例子，我就是说这方面确实是我们文旅企业的创新。

戴斌：我请问一下黄山关麓，这个项目现在盈利了没有？

洪清华：关麓帐篷客是我们做的又一个创新，目前还没有盈利。

戴斌：您有信心吗？

洪清华：我当然有信心，一期已经开业了。这是一个千年古村落，但我用七大创新的业态在里面做的，包括有驴爸爸冒险乐园，有旅拍，尤其酒店本身在黄山现在是豪华型酒店好评榜里面排在前列的，这个里面一定要通过两期，我不知道您这边，刚开始哪怕预收几千万都不可能盈利，因为你投资超过好几个亿，最终我觉得文旅还是做长期主义。并且民营企业融资成本高，刚才戴院长您说的，比央企高很多，这是一个很难回避的问题，所以硬投资我们也不敢投太多，因为黄山是我的家乡，甚至在疫情期间，民营企业都被抽贷过，或者变相抽贷。

戴斌：我非常认同您刚才讲的轻重结合的问题，不管是驴妈妈也好，还是奇创也好，应该是轻资产的品牌，当进入到度假区建设，进入到剧场运营的时候，相对你要拿地了，你还记得我说的吗，变地主了，那您原来轻资产运营的一些优势，能转换过去吗？比如说能带来客源吗，还是能带来知名度呢？是怎样把轻重结合才能走到一个合适的位置上去？

洪清华：我觉得所有的商业其实两点，第一个就是流量，第二个就是体验，我们以前做规划、做景区运营、做营销的，所以我现在反过来以运营的思路来做产品，这也是我做的几个产品目前比较受欢迎的原因。第一能节省很多钱，第二个确实能带来一些流量，除了我们自己的流量之外，我们也借助平台流量，飞猪、携程、美团、抖音等等流量入口。

戴斌：驴妈妈自己会带来流量吗？

洪清华：会带来流量。

戴斌：这是一个非常大的问题，我最想问问题的就是我们有很多做轻资产的进入到重资产的时候，有两种看法，一种看法是我没有流量，我就撬动不了资源。第二种就是比如说你碰到丁总了，他会很风轻云淡地跟你说在绝对的实力面前，任何技巧都没有用，你说你有流量怎么着？你要上船，我有船；你有营销渠道吗，我没有，我有船；你有旅行社给你带来客源好评吗？我没有，我有船。在这种情况下，我们怎么样去和传统的这种资源型的企业进行竞争？

洪清华：我们曾经在创办驴妈妈的时候，2008—2020年，大家都认为渠道为王，觉得渠道控制一切，今天是产品为王，不是仅仅资源为王，好的产品它就带来流量，一方面我觉得公共平台它愿意卖你的好产品，第二方面你的好产品本身就是一个IP，就能自带流量，我觉得自建渠道，尤其今天新媒体，不管是视频号，还是你的抖音，还是小红书等等，只要你产品好，游客去了之后，才产生更大的流量。

戴斌：或者我们自己驴妈妈这么多年市场经营的结果，让我们更加容易来洞悉消费者的一种需求，并以需求出发来重构我的产品体系是这样吗？

洪清华：是的。

戴斌：好的，待会儿您和丁总再对一个话，你们之间到底是什么样一种关系。还有一家企业是阿里的飞猪，这么多年来的发展，在OTA这个领域中间，有的是一直强调做平台，有的是强调做两端，有的面向B端，有的面向C端，不管对哪一端，作为一个在旅游企业中间，大家非常关注，但又稍显神秘的阿里，飞猪旅行是什么样的一个企业？我们进入这个旅游领域中间来，想和我们同行之间达成一种什么样的关系，跟地方政府之间又达成什么样一种关系？

仝腾：谢谢院长，其实院长刚刚说的这个事是阿里巴巴从当初成立了飞猪旅行这个业务。我当年进入到旅行业务的时候，觉得这个行业里面有那么多优秀的企业，不缺一家叫作阿里巴巴的旅游集团，也不缺一家叫作飞猪的旅行企业，所以说要做与不做，其实核心是在于飞猪到底在这个行业里面扮演一个什么样的角色，说到底是今天能够给这个行业带来价值。

所以我们在成立之初，内部做了大量的讨论，包括成立以来这几年，也做了最重要的事情就是寻找差异化。我们最终给到自己的一个锚，一直没变过，这几年反而越来越坚定，就是飞猪在文旅行业里面应该做的是一个开放平台，应该做的是那一个把旅游行业里面各个不同的方向、角色，不管是传统的旅行商，还是传统的资源方，能够链接到一起，去共同面向消费者，这个是飞猪在旅游行业里面最主要的角色。所以这一次疫情之后，我觉得整个的情况和数据的发展，也更坚定了我们在这一块的信心，因为我们看到了行业市场在疫情之后，其实更加成熟了，一个成熟的市场旅游最大的特色就是在需求侧，用户的需求非常多样化，细分的节奏比疫情之前要节奏，所以说我们觉得这样细分的节奏一定需要大量的头部品牌旅游集团，也需要人量小而美的旅游商家，只有多样化的供给才能满足未来不断细分的消费者的市场需求，所以说在这次里面，我们的核心节奏也向院长和各位领导报告，我们这一次整个的业务节奏，一个是坚定我们开放平台，过去几年里面，大家可以看到像游侠客、西游，很多优秀的年轻人所做的旅游团队和公司，可能就几个人、十几个人，但是它在细分领域上做出了非常好的市场反馈。

戴斌：我最想让你分享的一个事，我们做旅游集团二十强调查的时候，飞猪的营业额是接近二十强的基本门槛，一百亿元，我注意到你是没有含机票的，这一块去调，你能接近一百亿元，这是非常了不起的数据了，你能给大家分享一下你的收入结构是什么吗？

仝腾：我们主体的收入结构是这样，因为飞猪源于阿里的电商平台，所以说我们整体的结构特色是我们平台的交易额很大。

戴斌：直接说吧，你向谁收费？你向消费者收费呢？还是向将来你和建斌总这边，你是向白日方舟去收佣金呢？还是说收入场费，还是收广告费？我想知道这个商业模式，因为我觉得任何一家公司都有自己的商业机密，但是你的使命和你的商业模式、收入结构应该是透明的。

仝腾：是的，我们的商业模式主要是向合作伙伴产生，但是它的产生模式是来自我们能让商家更广阔地接触到消费者，交易越多，我们在里面提供的技术服务费越多，未来的过程里面，像最近大模型增长的比较多，但大模型最后到底对商家能够产生价值，这个环节其实没有增加值的，所以我们现在去投大量的研发在这些技术领域上，变成将来商家和旅游集团愿意使用的技术。

戴斌：我非常同意您刚才说的这个话，我们旅游行业不缺传统企业，你进来以后你把驴妈妈给打下去了，或者把广之旅给打下去了，我认为不是这个概念。

仝腾：对。

戴斌：我需要一个新型的对这个行业有促进作用的，比如说我的长江船长三号入驻到飞猪上去，你能给长航带来什么样的一种收益？或能帮助他什么？

仝腾：我向院长报告，以近期比较有代表性的两个例子，一个是双十一，刚才张总提到了白日方舟在开业的时候五千多万元的营收，但是在整个中国旅行市场里面，其实消费者通常是在旅行之前的一个月左右才开始做计划，这样导致包括我们接待的能力提前去做年度规划的时候，带来的挑战都比较大，消费者在去选择产品的时候，选择面也比较多，但是我们通过双十一这种囤旅游的方式，我在那个场子上把四亿多的消费者集中在一天里面，我们和长江一起来做一个高性价比、有品牌性的商品，像 2023 年比较有代表性的，我们和开元集团双十一开场的 15 分钟，卖了四十万间。

戴斌：是陈总这边吗？

陈妙林：对。

仝腾：这四十万间，最好的数据是不仅卖得多，是在过去双十一卖过之后的几天里面，履约达到了 30%，这就方便商家端对供给的安排，然后也极大地提高了消费者对自己年度旅行规划的安排。

戴斌：我请问你和携程的区别是什么？携程也在做直播，它双十一也会卖东西，你和它的区别是什么？

仝腾：是这样，我们与携程的区别还是比较明显的，携程目前的业态自营的业务是它的主营业务模块，但是飞猪到目前为止，我们所有的业务还是以开放平台业务，我自己其实主要做的是平台和平台上的技术支撑，但是我不在这个领域里面去做太多的东西。

戴斌：今天携程的同志也在，我觉得没有必要去回避这些问题，你们叫友商也好，叫竞品也好。

陈妙林：戴院长，我插一句，飞猪和携程比，规模肯定没有携程大，总量肯定是携程，作为我们酒店来说，但是飞猪有一个特点，在浙江的度假型酒店它绝对占优势，我们度假型酒店在飞猪上卖了一个多亿，飞猪上双十一卖一个多亿，一共只有两个多亿，你说他在度假型酒店给我卖一个多亿，特别是我们开元森泊乐园的这个品牌，它卖得特别多，近五千万的量。

戴斌：其实这种对话，我特别希望听到陈总这种直接输出一个数据，带出一个观点，不要绕，一绕我自己都晕，企业之间都会有竞争，话可以说得非常软，事情一定要办得非常得硬，这才是真正的企业家精神。

从企业来说，有的是采取成本领先，有的是产品创新，每一种模式企业都有自己的选择。但从国家来说，我们希望有更多的企业家进入到这个领域来，为人民群众创造过去没有过的高品质的旅游生活，这样的企业才是国家需要的。我们经常讲跟国家战略相向而行的，什么叫相向而行的？就是满足人民美好生活需要的。我过去是喝矿泉水的，你现在给我来一杯咖啡，我多一个选择，我需要这样的，而不是说都是卖矿泉水，人家占了 30% 的市场份额，你打花样你占了 45%，这个也需要，每个企业都有自己的选择，但是国家有国家的导向，所以我们希望像这样的平台企业，能跟国家战略相向而行，能够帮助传统的企业发展下去，这个我们可以再继续聊，但这个方向必须要有，也希望我们更多人能够像陈总这样的企业家去学习，就是走自己的一条路，不要去说太大的话，我上台把谁干下去，这个没有必要，市场这么大，足以容纳很多的二十强、三十强，都可以，但是我希望各自有各自的特色，要能一两句话说清楚我是谁。

还一个就是春秋也是我非常尊重的企业，在我心目当中也非常有价值的一家企业，从三平方米的铁皮屋起家，创造出这么大的一个企业，从做旅行社后来做航空，成为我们二十强集团的长青树。在疫情期间，春秋也做了大量的创新，不管是建筑、城市微旅游，还是包机西北和长白山，做了大量的工作。我想请王总给我们分享一下，在下一步的发展过程当中，我们的战略方向是继续沿着航旅融合方向去走呢？还是往目的地开发培育方面去走呢？我们又将如何处理两个关系，一个是和产业链上下游的关系——投资机构，下面分销商，因为我们自己有旅行社，是不是跟飞猪，跟驴妈妈就没有合作空间了呢？还有我们后面坐的这些书记市长们，我们将会给他们带来什么？

王炜：感谢戴院长。安排得特别好，最后一个发言，其实我前面听下来感觉自己非常幸福，当然作为旅游人的一种幸福，另外一个是作为自己个人来说，因为在座的里边有一代创始人、有职业经理人，对我来说，我没有一代创始人、创一代的担心企业倒闭，我也没有职业经理人害怕失业的担心，对于我来说，可能用一句古诗叫"无丝竹之乱耳，无案牍之劳形"，我可能更能纯粹地去考虑一些企业的本质。包括春秋发展到现在，从疫情三年，我可以说是被员工推动着走过来的。前面戴院长说的城市微旅游，现在叫 City Walk，包括我们的观光车，现在已经提升到了 3.0 的版本，包括我们的露营，我们在全国有很多家露营地，没有一个项目是公司发指令下去的，都是我们员工自发地提出来，老板我要干这个，很多都是被员工推着干的。第二个，前面听到了王总和妙林总说贷款压力等，听到这个我又感觉到春秋非常幸福，因为整个资产负债率目前疫情后还是只有 65%，所以说疫情之后我们银行带宽利率也就是 3.5 左右。

戴斌：也就是说您现在的资金成本只有 3.5 是吗？

王炜：3.5。

戴斌：这是比较好的了。

王炜：所以说经营压力对我来说非常轻。另外，从 2023 年集团整体恢复状况来说，集团基本上前三季度已经超过 160 亿元的营收，全年完成 200 亿元的话应该没有太大的问题，利润也已经超过 2019 年，达到了 26 亿元以上，整体我们营收集团和 2019 年相比，在 96%、95% 左右，没有完全恢复到 2019 年，但是利润已经超过了 2019 年 20% 左右。对于我来说，因为在座里面我属于刚入行，我进入旅游行业是 2022 年，然后 2023 年也是我第一个完整年度接盘春秋，特别是飞航板块的，对于我来说这一年做的更多的是思考，一方面企业的经营状况非常好，因为老一代打下了基础，状况非常好，不会有太多的东西去烦扰我，另外一方面我们有非常优秀的员工，很多事情他们都会推着我来干，但是我干什么东西，就是前面戴院长您提的一个问题 - 企业的本质。春秋是干什么？我反复在思考这些事情，作为春秋的话，大家非常熟悉的是春秋航空和春秋旅游，我感觉就是第一春秋航空是解决了老百姓出行的问题，中国 14 亿人口，坐过飞机的只有 3 亿多，绝大部分的人还没有坐过飞机，春秋航空最主要的就是怎么想办法让更多的人能够坐上飞机到外面去旅游。现在有很多的游客，特别是疫情过后，我们说叫特种兵式旅游，我来了、我看了、我走了，他们重要吗？非常重要，因为他们毕竟是来过了，但是来了之后带来了消费吗？很多时候如果不在当地居住，不在当地去体验当地生活的话，消费是很低的，那么春秋旅游就解决了游客到当地去玩什么、怎么玩、你玩对了吗这些问题，帮助当地一方面航空把客人带过来了。另外一方面旅游是解决怎么玩，怎么让客人在目的地消费，怎么为当地解决收入最大化的这样一个课题。这次参加旅游二十强，也是我第一次参加，一下子拿了四个奖，其中有一个含金量非常高的，就是各地政府对于最希望吸纳哪些企业到当地发展，春秋是排在第一位的，我觉得可能就是一方面航空通过价格洼地，包括我们的成本优势，能够带更多的客人过来，第二个这些客人是真正通过旅游这种途径来当地消费的，而且能够为当地带来收入资源。

戴斌：我觉得谈得非常好，您刚才谈到郑华先生，老一辈的创一代他们有他们的优势，比如说你谈到了 City Walk，年轻人喜欢城市漫游，我相信您爸爸这一代人，包括我们这一代，都是这样，也是 City Work——是工作的 Work，他基本是每天焦虑，企业不能倒，怎么往前去走。但是他总想这个事，他心态容易不从容，我只是概率上去讲，不是每一个人都有，但您刚才这一番话谈下来，我觉得你思考的问题，慢慢接近一个正常情况下一个企业该怎么去发展。你思考航空是解决人出行的问题，旅行是人生活品质的问题，我相信这个企业一定会走得越来越好，也衷心希望你能够早一点从少东家变成大东家。我经常跟大家说，一代人有一代人的使命，老一辈的艰苦奋斗，甚至流血牺牲，不就是想让后代人可以过得更加自由，更加从容，更有品质吗？如果一代人原地不动，整天都是工作，不去漫游的话，那是我们的奋斗目标吗？所以可能看上去没有那么着力，但是实际上更有韧劲了，更加从容了。大家一起聊一聊，这一场企业家的对话给我的启发也是蛮大的，我听到了大家，特别一开始妙林总，包括王总，给我一个非常突出的感受，我听到了信心二字，我们有信心走过了过去三年，也有信心走好未来的三年，甚至更长的时间。第二个，我听到了更多的理性。和上午的相比，和前儿场相比，我们谈的可能听上去没有那么多的金句，甚至很工匠的语言，比如说资金的成本、综合利润率、多少年回收，我们大的投资数百亿元，小的一两千万元投资，谈的可能都是这种家常话。但我也想这也是企业的日常吧，丁磊总不可能每天都穿西服打领带，在聚光灯下说金句，他大量的时间可能就是批文件算账。所以我经常讲，在台前光芒万丈，不是人看不见的蓬头垢面。这个时候我们回到企业的理性上来，正是这种理性才可以让企业，让我们二十强集团走得更长远。第三，我觉得听到了一种大气，不管是对一个企业的责任，还是对一个地区、对国家的责任，有的人直接说出来了，家国天下的情怀，有人虽然没有说，但实际上，妙林都七十多了，过去叫古稀了，还在为企业去奔波，难道是为了多赚几个钱吗？不是，因为这一代人有他的责任，我们希望我们企业的员工因为我们能够生活得更有价值，我们希望我们服务的消费者、游客因为我们的存在更加美好、更加幸福。我们希望通过我们商业的力量，让国家旅游业的发展质量更高，让国家更强盛。所以我们今天这个会这一场的主题叫商业思想，是不是这才应该是我们的商业思想？

感谢同志们，感谢大家跟我一起度过了一个上午紧紧张张的会议日程，也衷心希望各位企业家在新的一年里跟我们国家一样繁荣昌盛，谢谢大家。

旅游集团高端对话会："繁荣时代的商业创新"

12 月 12 日，由中国旅游研究院、中国旅游协会主办，祥源控股集团承办的 2023 中国旅游集团化发展论坛成功召开。在"繁荣时代的商业创新"对话会上，中国旅游研究院副院长李仲广与陕西旅游集团董事长周冰，山西文旅集团董事长丁永平，贵州旅投集团董事长徐昊，安徽旅游集团总经理邱军，河北旅投集团副董事长、总经理曹峥，亚朵集团创始人、CEO 王海军，宜昌交旅集团副总经理宋鹏程，杭州商旅集团战略规划部部长陈建文等八位嘉宾就进行专题研讨，现将主要观点分享如下：

李仲广： 繁荣下的商业创新这个主题，现在无论是经济形势的 PMI 指数还是一些主要的指标，大家都看到经济目前是中央经济工作会议讲的"稳中求进""以进促稳"的阶段。旅游业的情况，昨天发布的旅游集团化发展报告数据，市场在非常顽强地恢复。商业创新方面，国家强调中国式现代化主要是靠创新特别是靠企业创新，我们下一步经济发展先立后破，都是需要重构和创新。

在商业创新的基本概念里面，比如说创新是创造性破坏，破立结合的过程。有产品创新、生产方法的创新、市场的创新、原材料的创新，还有企业制度的创新。我们的议程不妨叫一个创新号的旅行团，首先看看我们团组有什么好玩的创新，给大家分享、推荐一下。

周冰： 感谢主持人，感谢各位嘉宾。今天我们探讨的主题是"繁荣时代的商业创新"。我觉得 2023 年的旅游市场，我们对繁荣是抱着一个探讨和商榷的态度。我知道我们很多旅游企业销售收入虽然上来了，但是利润变薄了。为什么呢？因为游客舍不得花钱了，这是一个不争的事实。真正的商业繁荣是游客享受到了优质服务，旅游企业既有销售收入，同时又有合理的利润。

我们陕旅集团 2023 年在商业模式上做的工作大致为以下三个方面：第一，副业超过主业，二销超过一销。我们华清池有一个《长恨歌》演出，2023 年的销售收入是 5.3 亿元，已经超过了华清池的门票收入（3 亿元）。十月底，这个景区销售收入超过了 10 个亿，这是我们陕西境内唯一一个销售收入过 10 个亿的景区，而且是二销超过一销。2023 年 6 月，我们在北京举办了一场足球比赛"梅西在中国"，阿根廷对澳大利亚，这个比赛我们赚了一点小钱，但是把大钱放掉了，因为筹备时间太短。这场比赛有 3000 万网民在看，如果我们一个人收 20 块钱，就是 6 个亿的利润，这还不算现场，6 万人的体育场是坐满的。体育场外面有 20 万人在等着退票。我觉得二销深度服务超过门票，是我们旅游业必须面对的一个提高服务质量、提高效益的典型办法。第二，文化项目的收益要超过自然景区的收益。这几年我们打造了很多文化景区，我们能看到很多自然山水，同时我们所打造的文化景区，比如影视城，不收门票，截至目前销售收入已经突破了 1.6 亿元，2022 年是 5000 万元。在 2023 年 10 月 25 日，我们被联合国旅游组织正式接纳为企业会员，中国加入这个机构的只有 3 家，我们陕西旅游集团是唯一一家旅游企业，或者说是国有企业加入了世界旅游组织。为什么他们会接纳陕旅集团，因为我们国际化程度。我们举办了"梅西在中国"，我们和百老汇合作丝路之声，我们有一系列的国际动作。我们加入 UNWTO 以后，对制订国际标准和提升我国旅游企业在亚太地区的话语权更有力量。日本和韩国，每一个国家都有十多家会员，中国一共就 3 家。所以我也呼吁我国的旅游集团，特别是二十强，都要积极去加入该机构，增加我们中国旅游在亚太旅游、世界旅游的分量。第三，任何商业创新都是为了提高效率，而突破效率的天花板只有科技。我讲讲科技对旅游产业的突破。我昨天看了上海做的"法老传奇"元宇宙项目，我们陕西旅游下属的公司也做了元宇宙项目，是上交所的 001 号产品，这是 2022 年上市的。所以我坚定不移地认为，一定在科技方面要有突破。我用一位名人的话总结一下，所有未来的企业，能生存下来，只有科技企业，旅游业也不例外。

李仲广：谢谢周总，陕西旅游集团经营和产品创新这方面的印象让我非常深刻，刚才说到我们二销，对很多企业，特别是资源型的景区来说，门票这块很重要，特别是一些地方主要景区还要免费开放，如果我们二销和文化方面的创造，以及我们科技方面的创造比例越来越高的话，是经营方面很大的创新。"心随陕旅、一路奇迹"，陕西万亿旅游产业的打造当中，集团领头作用非常明显。

刚才周总也讲到很多企业是依赖"二老"资源，下一步要更多地依靠新的要素，投资、科技、文化、创意特别是新场景新消费、新产品。戴院长也讲过从"二老"到"四新","二老"是老天爷留下的资源、老祖宗留下的遗产,"四新"是资本、技术、创意还有年轻人。

我们看到 2023 年山西集团的"又见平遥"这些产品在市场上反响非常大,下面请丁总给我们介绍一下"又见平遥"和山西文旅的产品。

丁永平:创新对我们文旅企业来说已经达成一个共识——没有创新,我们从业者面对游客,无论是企业还是我们从业者的生存会是很大的问题。

从山西旅游集团发展过程来看,我举一个例子"又见平遥"。大家都知道"地上文物 70% 在山西",这么多海量的文物怎么让它按照总书记提出的要求活化利用起来?这是摆在山西上到省领导下到从业者的一个共同命题。之前世界各地的客人到山西旅游,看山西的文物、文化资源。但是随着旅游行业的发展,怎么能够使旅游产品更好地服务于新的需求。2013 年山西推出了"又见平遥"这个产品。在我们世界文化遗产平遥古城下进行了既有投资也有产品的推出这个产品走到现在,十年来我们总结如下,过去的演绎是台上演绎,我们团队开设了一个行进演绎新产品,不仅仅是演出表演,还有游客也在行进的过程中感受和体验作品的价值。十年来,这个作品到现在为止,生命力还非常强。前不久,我们团队还对作品进一步打磨,他们说创作的剧本目前只用了三分之一,还有三分之二可以随时推出。也就是说,演绎作品适应新的需求必须有创新,同时这个作品还要有生命力,可以一直演下去。从"又见平遥"这个产品来看,再往下演十年,再长的时间也会有生命力。从效果来看,我们十年来演出场次有 700 多场,观演的游客有 500 万到 600 万。平遥是一个县级城市,能有这么多的人来,效果是非常可观的,冲着"又见平遥"去平遥的游客是越来越多。过去一般是来看古长城、看明清一条街、看票号,然后看"又见平遥"的演艺,现在年轻人更多是为了看"又见平遥"来平遥的。同时,从投资价值来看,我们过去投了 4.7 亿元,到现在总收入已经超过 8 亿元,将近 9 亿元,十年收回成本,还是有比较可观的利润。产品的生命力,使我们坚定进一步做好文旅产品的创新坚定了信心。

我们也知道山西这么多的文化资源,总书记也有要求,同时我们自身手里面也有十万件以上的藏品,我们正在和有关方面的团队对接,怎么能让这些藏品活化,利用好其成为新的演艺项目,能够具有更大的生命力。

我想山西的文化资源、文物资源非常丰富,我们是山西最大的一个旅游企业,怎么能把这样一个非常丰厚的资源开发利用好,这是摆在我们山西文旅面前的一个重要使命。我们这么好的资源，怎么可以进一步开发出来，像我们煤炭资源一样，两种资源都可以在山西有非常好的互相促进的结果。这就是我们作为山西文旅考虑的一个主要问题。

李仲广：山西这边的创新大家是很关注的，第一个，目的地资源非常好，我们山西、陕西这两个老总所在的地方，文物在国内都是非常好的。我们经常讲地下文物看陕西，地上文物看山西。陕西和山西的游客回头率是非常高的，重游率非常高。同时相对目前这个旅游市场来说，创新这块大家也是非常关注这两个地方的。

刚才讲的"又见平遥"，作为一款出圈的经典产品，是市场上反响非常好的产品。下一步我们企业对这个项目，能不能复制？比如2023年以来演艺市场非常火爆，这个产品的模式或者说范围，咱们还有其他的演艺产品打造的计划吗？

丁永平：谈到复制，可以说这个"又见"系列，我们导演团队在平遥这块，是一个开山之作，也是首部制作，从13年以后，"又见"系列在全国推出比较多的一些复制作品，但是现在我们和相关团队沟通，演艺项目，包括文旅产品，主题是创新，这种复制的思路，与未来游客对我们产品的需求，恐怕有些方面满足不了，所以需要我们在满足美好生活需要的方面，我们在创造产品的时候，还应该走更多的路子，还应该有更多的新鲜的作品面向游客。

李仲广：刚才两位老总介绍了传统文化和黄河文化重点地区在文旅融合创新方面的经验。下面邀请贵州的徐总，贵州非常好玩，2023年村BA非常火爆，您给我们分享一下这里面的产业创新。

徐昊：非常感谢中国旅游研究院给我们提供这个机会，让我们贵州旅投可以跟全国的同行业各位同仁进行学习和交流。我是2021年到贵旅工作的，2020年是整个旅游行业断崖式下滑时期，那时候我们在业务受到严重冲击的情况下就想到这个问题，反思这些年我们走过的历程，发现变革和创新是必由之路了。2021年，我们从企业的层面提出了实施六大重构，来对整个企业进行换代升级。从战略重构、组织重构、业务重构、财务重构，一直到流程重构。2022年，我们又提出了企业的文化重构。今天我们在座的很多都是国有企业，如果国有企业的文化不能够与时俱进，那么会显得和整个时代的发展、行业的发展格格不入。不管旅游行业如何发展、如何变革，对企业来讲主题是永恒的。

刚才周总谈到了控制成本、提高效率，增加效益。这是永恒的主题。在这个过程当中，从业态、从产品的层面，我们也做了一些探索，我来跟各位同仁交流一下。创新在疫情之后主题是融合。在贵州，我们会说到村 BA、村超，发源地土味十足，但是为什么会有那么旺盛的生命力？为什么会有那么大的创造影响力呢？是因为其点燃了人们对美好生活向往的共同愿景。在这个过程中，以一种全新的乡里乡气的味道呈现出来，让人觉得有点耳目一新，也反映出当前在贵州这个地方，我们广大村民脱贫之后的精神风貌。其实不管是村超还是村 BA，在当地都有几十年的历史了，当地的村民一直有这个习惯，所以这是从土里面长出来的，不是说哪个官员或者说哪个机构就能够把它催生出来的。

李仲广：2023 年出圈的淄博烧烤和贵州村 BA，听说贵州的村 BA 有一段时间的培育，首先它是一个自发的，同时我们在政府政策和企业的这方面也有一些培育和助推的力量。2022 年也办，前年也办，但 2023 年就是通过这么一个特殊的时期，我们疫情之后老百姓向往这种美好快乐的生活，村 BA 一下子就出来了。这个过程中，我们集团包括您在这个过程中，有什么经验可以帮我们介绍一下。

徐昊：在这个里面农民的原生是我们要尊重的，我们贵州从省委省政府到县委县政府，一直强调要保持村味、原汁原味，不能变化，所以我们整个赛场内是没有任何广告的。整个活动的组织，现在是通过村 BA 的联盟，村超的联盟，由联盟进行组织，政府在后面一是做服务，二是做好配套，第三做好支持，他们把边界守得很好。我们集团的体育赛事公司承办了村 BA 的活动，这种体旅融合，这样一种模式的创新，我们通过村 BA 和村超可以很明显感受到。2023 年村 BA 有 50 多万人到现场，带来了 4000 多万元的收入，这是远远高于目前在贵州人均旅游消费的。所以这样一种主题式的体旅融合的旅游消费，其实含金量对于我们企业来讲是更高的。

李仲广：这是一种持续的宣传推动，政府还成立了体育旅游的研究院，一直是在延续这种火爆的势头，也请了一些国内外的明星过来助阵，还有总决赛的村庄也打造出来了。

徐昊：现在在外围有很多机构，都在这个村 BA 和村超做服务。当然他们在这个过程中也寻找相应的商机，但是对核心的赛事从贵州来讲是把得比较紧的。总的说来就是一句话，保持村味，不要商业化。对于围绕赛事的配套和业态的培育，要发挥社会资本的力量，我们国企也共同参与、一起推动。

还有一个业态的创新——桥旅融合。大家都知道贵州过去的两大旅游要素，一个是黄果树，一个是茅台酒。贵州在经历脱贫攻坚，黄金十年发展期后，我们发现一个问题，贵州的桥在全世界异军突起。我们做了一个统计，全世界前一百座最高的桥，有49座在贵州，全球第一，第二高的桥都在贵州。举一个例子，我们现在新建的一座桥，其跨度1400多米，高度从桥面到江面有625米，如果到桥塔顶，还有140米，加起来一共有700多米的高度。我们在建设的过程当中，业主单位和我们一块构思在桥的塔顶上建一个观光餐厅。当我乘坐140多米的高速电梯上去，还是非常震撼的。现在桥已经成了贵州的一个以现代科技、工艺技术为标志的新的产品。我们如何把这个标识和贵州旅游结合起来，就是正在推出的桥旅融合。最近我们集团也在和国内外的有关机构合作，共同策划如何把桥、江、峡谷共同打造成一个新的旅游业态，新的旅游景区。在这方面我们也特别注意国际化的问题，因为现在贵州已经提出要打造世界级旅游目的地，在这个过程中国际化的合作是必不可少的。

从贵旅创新来讲就一句话，产品创新＋供应链的协同，而且是可靠协同，以及平台化的集成服务，三位一体，构成我们下一步在整个营业模式或者商业模式上的新创新。

李仲广：我们看到集团和地区火爆出圈的产品紧密相关，而且也看到徐总在集团发展过程中非常拼搏，对产品和行业非常有情怀，贵州的山地旅游闯出一条路，传统的优势是如数家珍，新的产品您也讲了几个品牌，还有一些集团的创新，这是非常不容易的。刚才几个企业在本地发展的同时，也走出来到全国、国际层面交流合作，这些好的模式就会在全国催生更多的创新。

邱军：2021年我到了安徽省旅游集团工作，感触很深。安徽旅游集团是一个综合性的商业集团，我们有四大板块，旅游要素企业、城建规划企业、旅游地产企业，还有一家粮食企业。过去肯定是粮食板块占比重较高，粮食板块一年的营收有上百亿，利润也有国家政策的保障。我们的城建规划总院，一年利润也在1个多亿，有2000多人，80%是技术人员。恰恰是旅游板块，在集团的比重较低。

今天的主题是繁荣时代的商业创新，第一个方面，在景区内容上的创新。比如：在黄山5A级景区内设有黄梅戏演艺剧场，将红色旅游、康旅、研学旅游等有机融合。第二个方面，流量创新。经历了旅游行业三年寒冬，2023年我们有两家景区1到10月份，分别增长了29%到58%，这种增长我分析有五点：第一，我们主动加强宣传，采取各种手段的宣传。第二，地方政府的基础设施配套到位，交通方便快捷，把我们的流量增加了。第三，服务保障的创新。作为省级旅游集团，钱我感觉不是最重要的，最重要的是人。如何按照省委省政府提出的招商引智，如何把人留下来。我们旅游集团下有一个旅游研究院，现在这个研究院一边在服务安徽省的旅游战略规划研究，同时也组建一个运营团队，运营景区。安徽是资源大省，有两家地方市属国有企业，黄山股份和九华山股份。如何把这个资源整合起来？省委省政府已经把粮食集团剥离出去，独立成为一个企业。马上房地产板块也要剥离出去。我们要聚焦主责主业，计划年底挂牌成立安徽省文化旅游投资控股集团有限公司，整合省属企业的所有旅游资源，加上战略投资基金，来保障作为安徽旅游强省的主力军。第四，板块创新。我们也在积极发展康养，将省属企业的医疗资源与养老院板块相结合。第五，合作创新。这两日听了各位旅游界大佬的精彩演讲，学习很多、受益很多。我们下一步计划采用三家的合作模式，我们是一家本土企业，目前还未走出安徽，我们和地方市县文旅集团合作，同时在座的这些民营企业，在市场做得非常好的头部企业，也想进行合作。为什么要采用三家的合作模式？因为我们过去几家景区都是和地方政府合作，景区赚了钱，但是地方政府认为我把资源给你了，结果钱却被省旅游集团赚去了。我们把景区进行升级改造，我们桃花潭景区的水上游船项目也在积极谋划，包括演艺剧场等，我们计划在合肥的一个公园策划一个标杆性的项目。按照省长说的话，用资本的力量来做文旅。欢迎在座的各位企业大咖到安徽投资旅游合作。

李仲广：我们对安徽集团非常熟悉，现在我们集团也在调整发展的关键期，旅游板块在集团里面是怎么摆布的？十几年前，我们也看到有些集团业务板块是比较复杂，比如有些可能涉及钢铁、煤炭，还有传统的工业制造，现在有些集团制造业这块也有涉及。在这么多年下来，我们看到旅游集团在赛道上做了调整，旅游这块，在旅游大发展过程中是很有必要作为一个主要板块的。比如现在又到了旅游赛道重新开展的阶段，这个时期是非常好的调整机会。例如我们粮食和地产，都有和旅游融合的产业。

现在面临一个问题，资源型景区都要逐步地免费开放，我在海南挂职，三亚的重点景区做了对外免费开放，在此背景下景区的空间需要做一个活动的空间，或者做增值服务，包括餐饮、电瓶车等等，这对企业来说可能是面临一个新的课题。原来就是一个好的板块，现在可能更多是要面临创新。安徽是做旅游目的地非常好的地方，我们也看到安徽旅游集团和安徽旅游目的地在发展过程当中，承担了很多目的地发展的功能和作用。这也是集团在创新中所要承担的重要责任。

曹峥：非常感谢戴院长这次给我们提供的机会，跟大家一起交流。说到旅游创新，大家提得比较多的两个词，一个是文化，一个是科技，是旅游如何跟这两个方面结合。我觉得可能这不仅仅是个物理的反应，更需要一个化学反应。2022年11月，我到河北旅投工作整整一年，我们集团主要是做了三个方面的工作：第一，战略的调整创新。我们旅投集团之前做了很多建设方面的工作，较重建设，但在建成以后，项目运营方面成了我们的短板。所以我们通过重构考核机制，把大家关注点从重建设到强运营转变，促进大家往运营方面转。同时对新建的项目，从投资—建设—运营，整个需要全链条地进行重新考量。第二，我们重构管理。大家刚才说旅游是挣辛苦钱，我们在管理水平上的提升就意味着利润的改善。在管理方面，我们通过科技的手段，强化了财务共享中心、活动平台、营销平台，还有供应链，搭建这些平台不断提升管理能力和水平。第三，这两天一直在认真听各位业界大佬的分享，其中提到很多一个关键词是人才。这两年旅游和酒店行业对人才的吸引力在下降，我们一方面重新搭建一个合理的薪酬绩效考核机制，让平台和物质留人，另一方面几位董事长也都提到了文化，一个企业想有强大凝聚力，就需要有一个强有力的企业文化，这方面我们通过师徒制度，或者我们酒店学校来强化人才队伍的建设，促使他们更清晰明确自己的未来职业发展方向。通过这几条措施，希望我们河北旅投在今后高质量发展的大前提下，实现规模扩张，争取早日重回旅游20强队列。

李仲广：河北这个燕赵之地，我们集团公开的财报，很多业务都是让我们眼前一亮的，比如说我们做一些管理、人才的工作，度假业务的新增，在市场这方面也有一些新的举措，更注重线上线下并重的营销体系建设。这是一个非常重要的内容，我们河北旅投以前一直在推动目的地联盟，我们在推动一些合作，这对业内来说是一个非常重要的交流平台。2023年和河北旅投交流的时候，对整个集团业务的新变化印象非常深刻。

王海军：我一直从事酒店行业，酒店行业SOP是百年前的管理方式，但是今天的消费者已经是90后了，怎么用符合他们的生活状态、工作状态、管理的状态，让他们可以更开心地工作？花名文化是我们很重要的一点，耶律是我的花名。

回到今天的主题，在供给已经很充沛的今天，如何塑造出差异化？创新的价值就是塑造差异化，好的创新可以塑造出长期的差异化。我们亚朵集团创立于 2012 年，酒店行业一直是供给非常充分的市场，亚朵集团的创新是行业内的创新，我们做的不是服务，而是体验。服务代表标准化的产品，讲究的是交付，我做了，但是体验讲究的是什么？今天中国消费者喜欢的个性化产品，这里面涉及非常多的组织创新、流程的创新，体制的创新，我具体分享两点。

第一点，过去酒店行业是 SOP 管理，厚厚的一大本手册，现在几乎没人看。我们则是触点管理，从入住到离开有 17 个触点，我们基于每个触点的需要做到标准个性化的服务产品，这样我的员工掌握起来非常方便，客人也非常舒心。我举个例子，我们这个行业应酬比较多，晚上到酒店，喝的水就是一个痛点，因为水是常温的，非常凉，烧开后又太烫，我们就做了一个产品，将温水放在一个保温壶里，晚上拿出来温度刚好，这样的产品我们亚朵有类似的 50 多种产品，大家看到我们体验好，也是因为这个而改变的。第二点，亚朵一开始的定位，不是酒店，而是一个始于酒店的生活方式的品牌集团。我认为中国做文旅，尤其是做酒店行业，大家的终点不应该只看到我们所在的业务，应该要看到给我们这些年轻人群所带来的生活方式上的引导和变化，这样的市场空间才能大。我们一开始不是做经营房间，而是经营人群。传统酒店主要的经营对象就是房间，房间的收入。我们围绕经营人群也做了非常多的创新，应该说这两年亚朵的第二曲线发展非常迅速，第二曲线就是亚朵的零售业务。我们 2023 年的零售业务，在枕头这一个单品上，在所有的第三方平台上，天猫、京东、抖音上，都是名列第一的。可能原来家纺行业没想到可能有一个做品牌出身的、以酒店为主的企业会进入家纺行业。我们为什么会做成，因为不管是做酒店还是做零售，我们是同一个人群，我们把这个人做到位，这个线就可以拉很长。我们接下来要做的就是把中国体验做得越来越透彻，我理解的中国体验是什么？第一，有温度。今天的社会是浮躁的，大家喜欢温度。第二，有分寸。服务有两个问题，一个是过度热情，一个是过度冷淡，我们要有分寸。我们形容有分寸的服务应该像邻居一样，门一关有自己的隐私，门打开大家可以互帮互助。第三，有人情味。现在是个数字化的时代，人和人的距离比较大，距离越大越渴望人情味，这就是亚朵接下来在创新和努力的方向。在装修风格上，不是传统的奢华风，而是更贴近自然的风格。在功能上，我们做了非常多的创新，打个比方，对现在大家出差来讲，充电是最重要的，而且是快速充电。所以我们新一代产品都是配 65W 的充电器，一个半小时就可以充满，而且充电器很多。还有一个人情味是服务理念，我们亚朵每一个酒店，有总经理，有 HR，有负责人专门负责体验理念和文化的落地。说我举个例子，我们在杭州的时候，有一个打扫卫生的大爷希望到酒店休息一下，我们就把他请进来，给他热情的关怀，这个就代表人情味的服务细节。我们业务以客房为主，但是每个酒店都有 24 小时的免费书店，不管是酒店客人还是周边的居民都可以来这儿看书，我们这儿茶水是免费的，书还可以借走。每一个酒店都可以覆盖周边两三公里，熟悉了以后也会融入这种生活。现在很多酒店的大厅会有周边的居民到这里休息看书。

李仲广：亚朵 Atour 的酒店我们常见，我比较感兴趣的是客房体验和拉近人距离的关系，比如人情味方面，做一个客房，对亚朵酒店的客房设计，对拉近人之间的距离。王总讲的酒店生活，也是我们非常有共鸣的，我们做旅游生活，让老百姓过上旅游生活，酒店是一个重要的载体。现在我们在一个城市里面，如果能让当地的老百姓过上酒店生活，我们生活就会有一个飞跃的提升。比如说会场所在的这个酒店，我们看到一些年轻人带着小孩一早一晚地过来过这种酒店生活。我们亚朵这边原来是年轻人比较推崇，这种时尚的方式，特别是做客房、前厅。王总还讲到一个创新，我们酒店的标准，包括饮用水的温度，这些标准和细节非常重要。我们这次会场的桌布，在开会之前其实没有这么亮丽，我看到酒店人员会晚上一直熨到凌晨两三点。我们有时候看国内酒店的标准，是比较薄的参考，国外的酒店标准可能是长篇累牍，非常厚、非常具体、非常细。王总讲亚朵有标准也有基于服务化的手册，一个员工用一个月的时间，就可以把 50 多页的手册整明白，这样一个客户 90% 的服务触点都可以覆盖到位。

宋鹏程：很荣幸参加中国旅游集团化发展论坛。宜昌交旅在 2022 年成为宜昌当地最大的市属国有企业，在宜昌城发集团的支持下，我们围绕繁荣时代的商业创新主题，有两个方面在这里分享一下。第一，在产业体系上的重构。我们宜昌交旅下面有一个上市公司，围绕整个城市产业，城旅融合和城旅融合发展，城旅一体。以前我们作为单纯的交通集团是不能完成的使命，但是因为有了城发集团的存在，现在产业体系进行了重构，我们不再仅仅是车船岗站、景区旅行社，我们有了场馆，有了更多主客共享的空间。比如 2023 年我们牵手环球 IP，即将在宜昌落地一个包括小黄人、功夫熊猫的一个零售新空间，这是我们为宜昌建造的一个消费新体验。第二，内部板块的业务协同。比如文化、旅游和地产，是可以联动的。2023 年我们集团到研究院交流的时候，集团对旅游的推动，目的地的打造这方面，特别是宜昌目的地打造，都是非常重视。大家知道宜昌是一个旅游城市，我们有 4 家 5A 级景区，每年的游客接待量过千万人次，但是宜昌一直以来逐渐变成了一个旅游过境地，我们这么大的游客没有留下来。我们现在在宜昌城发集团的支持下，我们进一步从旅游城市向城市旅游转变。

时代不断变化，作为旅游企业只有不断地应对变化、适应变化，拥抱变化，我们旅游企业的创新就是一句话，不一定是补短板，我们可以是锻造自己的长板。

李仲广：当今时代，融合已成为旅游的新常态，我们看到宜昌城发在绿色游轮产业上已经有了很大突破。产业融合方面拿到昨天的旅游创新示范案例，感谢集团对我们论坛贡献非常好的创新案例。旅游和制造业、工业的融合，在制造业和旅游业"两业融合"上进行商业创新和突破。宜昌交旅集团作为城发集团专业化旅游子公司，依托地区多元产业，在推进城旅融合、城旅一体方面有重要举措，包括交旅的融合，我们有交通板块、文旅板块等等，2023年集团对旅游的推动，几个目的地的打造这方面，特别是宜昌目的地打造，都是非常重视。宜昌交旅是文旅行业异军突起的方面军，2023年的发展，特别是城发集团的决心、举措和创新的成就都是让我们非常深刻的，期待在接下来能够给大家带来更多的亮丽的创新成果。

杭州商旅集团的业务越来越吸引年轻人了，一直以来推出的产品都是比较精细化的，特别强调细节，像绣花针一样，一段一段的产品，一段一段的空间，都是要打造一个有持久生命力的产品。里面的一砖一瓦，每一个水景都是经过设计的，很多材料的运用都非常考究，所以出来的产品都非常的经得起打量。

陈建文：非常荣幸有机会在这里向各位学习交流，今天探讨的主题很切合我们集团。我们集团2022年年底发生了重大的重构，因为市政府把运河集团，一个农业发展集团全部合并到我们集团。我们商旅集团之前是商业和旅游两大集团合并，现在的商旅集团是国资委四大集团的重组而成的。我们这个集团是一个大旅游、大商旅、大文旅的概念，农、文、商、旅都有。从产业结构来说是比较全的，里面融合、整合的内容也很多。因为重组，我们集团从总部部门到业务板块，到产业发展，到各个子企业的一策一对标，各方面进行了重新的梳理和划分，重新的定义。

我们集团围绕价值创造为中心，以重构为手段，三个方向，一个是城市的有机更新，还有是乡村振兴，还有产业新模式的打造，打造更多符合年轻人消费的新场景。

李仲广：这个研讨先是请各位集团的老总推荐各个企业好玩的，有亮点的产品给大家。我们创新号旅行团刚才到了各大企业走了一圈，收获是满满的。每个集团都是有担当的头部企业，对目的地和行业发展都会有很多思考，各位老总也对我们行业商业创新的规律，下一步关注的产品，下一步关注的人物，下一步关注的地方，或者说目前存在的主要问题是什么，对我们参会各位嘉宾的建议等方面进行了分享。例如，认为科技的创新是非常重要的，科技赋能产业转型升级，制度也是基本的，技术和制度是两驾马车，实现旅游行业的创新化学反应要通过机制创新来实现，资源优势如何成为优势也是重构的一个重要命题。在产品方面，走体验的差异化之路才是高质量发展之路。期待我们创新不断，集团创新的一系列成果。

在下一步商业创新上，经过沟通之后我有几个非常深刻的感受。第一，2023年中国以及国际上的创新事件是密集的，无论是在科技行业、芯片行业，还是目前AI行业的创新，科技层面的创新层出不穷。但我始终认为我们旅游业的创新，是完全可以媲美科技创新，科技创新归根到底要和旅游结合起来，而旅游的创新也是原创的重要领域，是幸福产业的首位产业。第二是时代性，时代赋予我们企业家、赋予行业新的创新任务。15年前我们开会的时候，当时的商业模式是跟目前完全不一样的。今天我们回头看，整个业态都发生了根本的改变。我们就看到当中创新的力量在推动，再经过一段时期的发展，旅游业、旅游集团业务的业态，在创新力量的推动下，一定也会再次发生革命性的变化。第三，旅游创新是为了老百姓需求和国家需要，是需求导向的，为此不要受到各种传统观念、模式的条条框框限制，特别是业界的创新，很多就是要打破的现有范式的。希望下一步在创新的推动下，企业的营业收入、竞争力，企业的发展会有更好的变化。期待2024年回来有更多的创新成果。

感谢各位企业家的分享，我们这个环节到此结束。

旅游集团高端对话会："理性视角的旅游投资"

12 月 12 日，由中国旅游研究院、中国旅游协会主办，祥源控股集团承办的 2023 中国旅游集团化发展论坛于上海虹桥祥源希尔顿酒店宴会厅顺利召开。在主论坛第五环节，中国旅游研究院副院长唐晓云与山东文旅集团党委书记、董事长丁艺，湖南旅游集团党委书记、董事长杨宏伟，新疆文化旅游投资集团党委书记、董事长王宏江，中青旅党委副书记、总裁王思联，黄山旅游集团党委委员、副总裁江存文，浙江省旅游投资集团党委委员、副总经理张雄文，绿地酒店旅游集团总经理李瑞忠，宁波文旅集团永麒科技集团董事长徐建平，泰州市文旅集团党委委员、副总经理曹福荣等九位嘉宾就"理性视角的旅游投资"进行探讨，现将主要观点分享如下：

唐晓云： 非常高兴和九位企业家共同探讨理性视角的旅游投资。投资是企业决策中最重要的环节，也是落地企业战略部署的实际行动和面向未来的趋势探索，在企业发展中发挥着非常重要的作用。过去三年，整个旅游业受疫情影响遭受重创，持续低位运行。在底部的投资是最见理性的，巴菲特曾经说，"在别人贪婪的时候要恐惧，在别人恐惧的时候要贪婪"。所以，就着今天的主题想与九位企业家请教交流繁荣市场下的理性投资问题和对未来旅游业发展的思考。

唐晓云： 我的第一个问题想请教山东文旅集团丁艺董事长，您所在的企业在过去三年都做过哪些投资？您发现了哪些投资机会？

丁艺： 唐院长好，首先感谢中国旅游研究院戴院长和各位领导给山东文旅集团这个发言的机会。我特别同意唐院长的观点，投资是未来和趋势。后疫情时代，我们关注了乡村振兴中的农文旅融合以及精品民宿打造两个领域，重点开发了近郊游项目，投资的项目也取得了良好的收益。

唐晓云： 谢谢丁总。您提到疫情期间重点关注了乡村振兴和近郊游项目，那么您认为近郊游是一个疫情期间的特定产物，还是一个长期趋势？

丁艺： 我们始终认为中国的旅游方式多元化、游客群体需求多样化，短途旅游的增长会是一个趋势，并将继续关注这个行业的投资。

唐晓云：三年疫情改变了旅游市场，疫情后的旅游业正在发生一系列重构，正如戴斌院长一直强调的"我们回不到过去，一个由旅游者定义旅游业的时代来了"。经历了三年疫情，您对旅游投资有哪些新的认识？作为一个投资人，理性投资最关键的因素是什么？

丁艺：三年疫情过后，身为文旅从业者，感受颇深。我自 2007 年涉足文旅行业投资，初定身份为文旅投资人，但进入文旅集团后，现已自认为是干过投资工作的文旅从业者。对文旅与投资的结合有几点感悟：

第一，需紧握未来趋势，服务国家重大战略，从未来趋势和国家战略中寻找商机。即使对经济发展趋势看好，但并非所有行业都能获得发展机会和良好回报。因此，在具体赛道的选择上要精选，顺应大势和国家战略方能取得成功和良好回报。

第二，投资要基于自身优势和能力。山东文旅集团收入百分之百来自文旅行业，且在文旅细分领域布局完善，管理 414 家酒店、15 家景区等多元业态。在选择赛道时，要结合自身特点，实现多业态融合，发挥文旅跨界的资源整合优势。

第三，投资是体系性工作，要回归投资本质和逻辑，注重趋势，保持理性头脑，合理收益率与风险匹配。

清晰头脑是理性投资的关键。作为国企，平衡社会效益和财务收益是各级国有企业掌门人都要面临的问题，这是一个平衡的过程。我们首先是企业，更多会掌握资产配置，有哪些收益是着眼于长期未来的收益，在这部分的资金匹配中，可以更多社会效益和收益的长期性。但更大的资产配置还是着眼于盈利性，从而实现企业收益、利润和现金流的平衡。

唐晓云：下面想请第二位嘉宾湖南旅游集团的杨宏伟董事长分享，您看好哪些领域，疫情期间进行了哪些投资？

杨宏伟：湖南旅游集团是 2022 年 7 月份经省委省政府批准成立的酒店旅游企业。疫情期间，我们的投资重点关注了三个方面：第一是顺应市场需求，对存量资源提质改造。第二是投资资源型和流量型的资产，如通过投资改善了韶山景区因投资和运营不善而导致流量不见效的问题。第三是投资乡村旅游和乡村振兴中一些能够深度结合的项目。

唐晓云：作为新成立的集团公司，您刚才分享了存量提质改造、资源型和流量型资产、与乡村振兴深度结合的项目是目前集团看好的赛道。能和我们分享您的投资经验或者心得吗？

杨宏伟：为有效解决投资与需求结构性矛盾，我们需提高市场化程度，特别是国有企业应提高投资效率，实现资源有效整合，避免产品同质化。基于此，我们坚守以下投资原则：

第一，顺应政策大势。如中央政治局会议强调构建消费和投资的良性循环，加强城乡融合，推进美丽中国建设。湖南文旅集团将密切关注省委省政府全域旅游发展战略，推动旅游资源整合，打造全省旅游产业资本整合平台。

第二，以满足需求为导向，优化投资布局和产品供给。通过对景区提质改造和酒店全面装修，满足市场需求，提升消费者体验。同时，通过投资乡村旅游，实现文旅与乡村振兴有机融合，挖掘民俗文化。

第三，夯实自身基础。湖南省委省政府构建新的产业体系，文化旅游成为优势产业之一。湖南文旅集团设立全域旅游母基金和文旅产业子基金，打造管理规模过百亿的基金群，助力湖南现代产业体系建设。

第四，根据未来趋势抓投资。智慧旅游是行业发展方向，我们加大投入，推动全省旅游资源线上线下一体化发展，提供技术支撑和全链条服务。

我们主张集中资金、形成拳头，优选投资标的，共同打造样板项目。同时，强调分享与合作，大力推动项目合作，分享成功，共担风险。

唐晓云：下面有请新疆文投王宏江董事长，请您介绍一下新疆文投近期的投资经验。

王宏江：疫情三年，投资环境既是机遇亦是挑战。新疆文旅产业起步较晚，大量资产仍在政府手中。在此背景下，我们抓住资产价格最低的时机，充分发挥后发优势，通过整合旅游资源深入挖掘新疆的文化富集度。

过去三年，我们通过市场化手段，积极进行整合和收购，包括新疆最大民营企业"大西部"。同时，充分利用自治区划转的国有资产，通过重整酒店、证券化融资等方式成功进行了景区扩建。新疆作为世界级旅游目的地，我们集中精力和资本完成了对丰富的旅游资源，特别是 17 家 5A 级景区和一些正在申报 4A 级景区的控股和收购。

在国务院国资委深化改革提升行动中提出，国资企业要更好发挥科技创新、产业控制、安全支撑作用。我们提前进行了谋篇布局，进行了产业控制。在资源控制后，向全社会、全市场开放，欢迎各类资本到新疆投资文化旅游优质资源。新疆的政策环境优越，消费贡献数据优异，旅游消费拉动 2000 亿元，我们对未来充满信心。新疆文化旅游投资集团以引领新疆文旅产业高质量发展，让"新疆是个好地方"响彻全世界为愿景，完成文化兴疆、旅游大疆的使命。

唐晓云：我关注到了新疆文投集团过去三年的经营数据，在疫情期间企业能够维持快速发展的势头是非常难得的。新疆作为一个西部省份，与东部省份相比，在投资模式和投资方向上，您认为要有哪些不同的考量？

王宏江：新疆文化旅游投资集团致力于引领新疆文旅产业高质量发展，使其成为吸引全球目光的热门之地，实现文化兴疆、旅游大疆的宏伟使命。我们利用这三年的时间，对 22 个省级旅游集团进行调研和学习，看他们过去十几年作为省级旅游企业发展的路径，尤其是投资路径，关注新疆作为西部城市不同于东部城市的发展周期。

国务院批准新疆自由贸易试验区，标志着新疆作为"一带一路"的核心区域、通往中亚的陆路通道，将打开通往欧洲的大门。作为投资机会的首选，新疆在政策、资源、市场等方面均有优势。相对于东部，新疆以独特的地貌、广袤的地域和丰富的历史文化脱颖而出。尽管历史文化挖掘不足，但通过加大投资，将历史文化呈现给世界各国游客。我们深信未来的投资机会在中西部，而新疆凭借其独特特点将引领未来发展。

投资新疆文旅行业，关键在于人才投资。2023 年自治区拨出百亿元建人才基金，专注于专业人才的培养。未来三年，我们也将通过资源控股、引入全社会招商、股权合作等方式，吸引更多文旅企业到新疆布局，实现双赢。

唐晓云：下面我们请中青旅王思联总裁分享您对疫情期间旅游投资的考量，以及基于中长期趋势的旅游投资走向。

王思联：衷心感谢中国旅游研究院、戴院长和各位领导邀请参加这次会议，有机会向各位同仁学习。疫情三年，中青旅和其他旅游同仁一样，感受到了旅游业的艰难，也感受了旅游业的坚韧。中青旅始终保持理性稳健，灵活运用进退结合、软硬结合、增量存量结合的布局和投资策略。在存量方面，紧扣两个优质项目。如乌镇，过去三年投资了 15 亿元，2023 年前三季度营业额 14 亿元，净利润 3.32 亿元，证明了前期投资是一个比较英明的决策。增量方面是围绕着旅游目的地的投资运营和管理，紧紧聚焦城市更新和乡村振兴两个我们认为的刚需赛道。比如说，投资了一个江西夜游项目、一个儋州项目、江西余江的乡村振兴项目，还有连云港的花博会项目等等，这些都是紧紧聚焦城市更新和乡村振兴两个赛道。

唐晓云：我关注到中青旅在数字化方面的投资是比较早的，过去 3 年，在数字化方面是否加大投资力度？

王思联：中青旅始终肩负央企担当，追求稳健发展，在数字化方面提出了三年规划，目标是 2023 年实现数据通，2024 年数据准，2025 年数据活。在投资方面，我们保持了一定理性，甚至我刚才说的进退结合，有的是瘦身健体，一些不良的投资我们及时退出、及时撤出。包括地方和政府一块合作的项目，我们要求的是活下去，要有现金流和回报。

唐晓云：想请教王总，您如何看待作为国有集团企业的投资理性？

王思联：回顾中青旅投资历程，经历了低成本投入、文旅投资到文旅产品运营三个时代。初始投资阶段，投资了乌镇，成本低，迎来旅游发展红利。在文旅投资时代，注重地产平衡，投资了古北水镇。现在专注文旅产品运营，不再仅追求地产逻辑。2021 年，中青旅与海南合作打造全球精品博览会，避免仅停留于投资阶段。

作为央企，我们承担社会责任，但要量力而行。投资需符合国家战略、人民需求，并培育中青旅核心竞争力，我们将在以上方面继续努力。

唐晓云：接下来有请黄山旅游集团江存文副总裁来分享集团在投资方面的宝贵经验。

江存文：过去三年，对黄山旅游来说是一次重大挑战，游客锐减，月均仅2215 人，远不及之前黄金周一天十分钟的客流。面对困境，我们积极行动，发挥基金作用，收购景区太平湖、开发夜游经济、对现有酒店进行升级改造，推出云系列高端民宿。在疫情之下，黄山旅游基本保持微利，这得益于我们的调整和措施，转变投资理念，从接待型景区转向度假酒店，从单一性投资扩充为对黄山山上山下、山里山外的投资，通过强调精细管理和新项目拓展，使黄山旅游品牌在境内外熠熠生辉。

唐晓云：谢谢江总，现在的黄山跟以前的景区黄山的确不一样了，我们在山外还有很多可以休闲、修养身心的地方。经过疫情考验，您认为我们的旅游投资还有哪些需要努力的地方呢？

江存文：我注意到会场主题"繁荣与重构"，这个主题精准反映了旅游业的当下和未来。经历三年疫情的考验，黄山景区蓬勃发展，2023 年 9 月游客量超过疫情前最好的 2019 年，进山的游客人数将近 500 万人次，这是一个很好的收成。

重构，意味着将来旅游企业怎么发展？在旅游行业一直流传着一个说法，叫做"旅游富民不富政府"。我认为这句话不全面，至少没有反映旅游业的发展趋势。结合以后的投资方向，为什么旅游业"富民不富政府"的说法存在，我觉得至少说明有两个问题：第一，旅游业发展不充分，不够大，达不到一定的规模和级次，所以富不了政府。第二，旅游业上下游的相关产业链条短了，不够长。世界上有一个国家旅游业做得很好，瑞士这个国家不大，但是旅游业非常发达。尽管旅游业非常发达，但瑞士的 GDP 中主要产业并不是旅游业，而是制造业，瑞士的精细化工产业是世界排名第一的。包括大家耳熟能详的瑞士金融业、钟表制造都很发达，但是在以旅游为架构的前提下发展其他的上下游产业，带动其他产业的繁荣。现在我们说旅游度假、享受生活，与旅游相关的产品，比如说，冬天到东北滑雪，有的高端装备产品很贵，附加值很高，但是国内几乎找不到。大家来黄山旅游，登山的拐杖是木头做的，但还有一种轻便的合金材料，但都找不到。我们完全可以在这些方面补链、强链、延链。

唐晓云：我们有请下一位对话嘉宾浙江旅游投资集团张雄文副总裁，请您和大家分享过去三年浙旅投的投资情况以及您对旅游投资的见解。

张雄文：非常感谢中国旅游研究院戴院长给我们这个发言的机会。在2020年底，我们通过整合浙江旅游集团和省级机关事业单位资产成立了全新集团。在面对资产接收、重组整合和三年疫情的压力下，我们的团队努力应对。目前，集团有全资控股140多家企业、2万多名员工。过去三年，我们聚焦两个维度进行投资，一方面通过存量改造，在疫情期间提质增效；另一方面以轻资产为主，在旅游目的地进行增量拓展。酒店业是我们的重中之重，包括对雷吉森品牌和杭州饭店等进行 8 亿元的全新改造。轻资产拓展方面，我们积极参与省委省政府交给的共同富裕、乡村振兴项目，包括在阿拉尔进行实景演艺和独库天路的红色演艺项目。同时，我们还在考虑更多的收购机会，包括与省文旅厅合作搭建旅游投融资平台以及通过收购来满足一些特定领域的需求。在所有努力中，我们将保持理性，灵活应对，致力于实现集团的健康发展。

唐晓云：浙江在经商方面是非常擅长的，您认为投资最基本的理性是什么？

张雄文：在我看来，理性投资涉及多方面。第一，对待宏观政策和数据要明辨微观实际。宏观上给人感觉很美好，微观上可能并不这么美好。第二，要清晰把握人气与财气。目前虽然人气显示高涨，但实际财务情况并非乐观。在这方面企业领导人和普通员工的感受是完全不一样的，体制内和体制外的感受也可能完全不同，包括今天的 20 强集团企业和大量的中小微企业的感觉，也是完全不一样的，对宏观数据要有清晰的把握。第三，要对国企身份有理性认知。我们是国企，国企的板块各不相同，对各板块职责要有清晰认识。第四，要理性进行投资决策。作为国企浙旅投坚持"四做五不做"的原则，"四做"就是做资产、做营收、做利润，尊重市场行为。"五不做"就是资源研判不到位的不做、可研不到位不做、商业模式不清晰的不做、政策不确定的不轻易做、与专业水平不匹配的不做，理性投资要专攻擅长的领域，避免盲目投资。

唐晓云：下面我们有请绿地酒店集团李瑞忠董事长分享绿地酒店集团过去三年的投资和收获。

李瑞忠：过去三年，绿地酒店集团一直在持续投资，主要围绕酒店、旅游和会展三个核心板块而展开。我们将关注点聚焦在物业和经营资产，分别在浙江嘉兴、安徽芜湖、安庆开设了三家酒店，同时在西安、徐州和兰州建立了战略性会展场馆。我们在经营物业资产时发现，游客的需求没有集中爆发，以往在投入时更加注重硬产品和有形空间，却忽视了运营方面的投入。因此，我们在疫情中加大了对运营资产的投入，包括自有 IP 的打造，推出了受欢迎的微度假产品，在宁波酒店项目中，我们成功整合了社区的需求、客人的需求，加强了对在地物品的对外推销。最主要的，我们加大了对人力资源方面的投资。大家认为疫情中我们是在收缩，但只是其中的一个板块。就旅游板块整体而言，我们不但没有收缩，还加大了投入，尤其是团队的投入，包括航旅目的地团队、旅游目的地团队的建设。这些投资，我们在疫后看到了很好的效果。这是我们感到非常自豪的一点。

唐晓云：谢谢您的分享！从中国酒店发展的不同阶段看，先后经历了经济型酒店、中端酒店到精品酒店，再到现在微度假的产品。您在整合社区需求、打造目的地团队，是因为游客的住宿需求变化了，还是游客消费目的地变化了？

李瑞忠：过去三年，我们密切关注市场变化以及客户需求发生改变，将客户需求细化为精细化产品，实施"化整为零"策略，根据客人需求，提供精细化服务。同时也意识到要"化零为整"，因为"化整为零"后虽然提供了非常好的精细化服务，但这个服务不成规模，很多产品服务在标准化上没有得到很好体现。所以，我们又围绕精细化服务需求进行系统化、平台化建设，让客户需求在得到精细化满足后，利用我们的系统平台赋予更多客户需求。例如，我们的微度假产品就是对精细化需求的分解和认知所产生的产品。

我们以前的房地产导向的投资是粗放型的，比如说产品的标准化、单一化。疫情期间，我们发现客户需求在改变后，就在产品打造方面进行了调整，用一款产品满足所有客户是不合适的。我们在打造产品时，要不断调整，为一些特殊需求客户打造适宜的产品。我认为微度假是一种趋势，短暂离开岗位却又不脱离城市，这个需求是越来越大的。打造微度假产品的时候，需要内容，我们专门对特大城市周边一些适合做周末度假和微度假的地理位置，打造微度假产品。

投资存在风险，绿地集团秉承"想政府所想，做市场所需"的使命。作为央企，需要履行社会责任，但更要注重市场需求。投资思维要同时具备投资者和股东思维，追求利润和回报。其中的关键在于优质项目、良好环境、配套和人力资源支持，只要具备这些条件，任何事物都可成为有效投资。

唐晓云：接下来，我们请这一组对话中唯一一家科技企业宁波文旅投集团永麒科技的徐建平董事长分享投资心得。

徐建平：当前正处于存量时代，对投资要谨慎。我们从城市角度出发，扎根夜经济领域，2023年宁波三江六岸的夜景灯光和数字人、数字烟花，现实和虚拟的结合进行了投资，这个投资不大，不到2个亿，但是见效特别快，因为夜经济引发的六夜场景，盘活三江六岸旁边的存量资产。受疫情影响及电商冲击，宁波的三江（指甬江、姚江、奉化江）处在城市的核心地段，以前店铺一铺难求，现在人去楼空。要改变这个现状，我们就想破题之路，用科技赋能、文化赋能，把宁波文化挖掘出来。比如说，我们这一期投了夜经济，二期准备投快活林，用沉浸式演艺打造新的IP。另一方面的投资，我们对人工智能进行了重点布局，在深圳设立第二总部，并购、收购创意团队。我们抓住了这么一个细分市场，叫做夜经济的服务商，这两年在夜经济打造方面，有成功也有失败的经验，也希望各位同仁到宁波来走走指导，我很愿意把失败的经验分享给大家。

唐晓云：谢谢徐总！过去几年我们看到科技企业进入到旅游领域的数量越来越多，您刚才提到也很坦诚地提到有失败的经验，您能分享一下这方面的投资经验吗？

徐建平：投资和运营闭环的逻辑。很多产品研发时大家信心满满，故事也讲得很好，但在最后运营的闭环中，往往不如意。特别是我们在外面的一些投资项目，招商引资热情高涨，投资下去以后，最后一环运营逻辑永远不能闭环。所以，我们也痛定思痛，在存量时代控风险，怎么样用这种数字的手段赋能，慢慢地从重资产转化为轻资产。

科技赋能旅游虽然听起来美好，但探索的路程仍然漫长。在杭州亚运会上，数字光影、数字人和数字烟花的应用成功吹响了数字科技赋能城市、夜间经济的号角，值得欣慰。文旅赛道上下一个最有价值的投资风口是盘活存量资产，把现有的旅游存量资产重新繁荣、重构，通过夜经济的手段，刺激消费，从消费需求出发，把运营作为前置，形成一个完整的逻辑闭环，将是一个很好的赛道。

唐晓云：谢谢徐总，从短期看，科技赋能文旅在前期会受技术研发成本高等影响，如果技术赋能的场景是面向市场的，进入到规模化阶段，或者找到了商业逻辑，可能就会有一个新的收获。下面我们有请泰州文旅集团曹福荣副总经理，分享过去三年在投资方面的心得。

曹福荣：各位专家好！泰州在江苏之中，泰州文旅集团是从一个平台转制成景区、地产、贸易以及演艺的综合性集团。过去三年，泰州文旅集团经历了疫情的巨大冲击，我们通过苦练内功，主要聚焦三方面工作：第一，对景区进行提档升级，讲好故事。对游客开放的景区打造沉浸式体验，通过规划策划把一些故事讲好，比如在桃园讲述《桃花扇》的故事。第二，对街区进行提档升级。对一条河、三条街（指老街、柳仁、桃仁）进行改造，取得了良好效果。第三，收购了部分闲置资产。特别在上海、北京、南京打造泰州早茶，组建了泰州早茶集团，把早茶文化做起来。我们组建了早茶研究院，泰州人有吃早茶的习惯，把这个早茶跟广州的早茶结合起来，跟北方的一些饮食结合起来，做成特色。

通过三年的努力，我们已经取得了一些投资回报。桃园在2023年元旦对外开放，街区也开放了，效果非常好！早茶集团也正在打造，泰州早茶的标志店"留芳茶社"，开到南京1865产业园的养虎巷，生意兴隆，我们还要开第二家店。这得益于戴院长在三年前的建议，越是在艰难困苦的时刻，越要静下心来谋发展，不一定要高大上，要小而精。让我们静下心来规划旅游产品，注重品质，努力提升旅游事业水平。

唐晓云：好的，谢谢曹总！您刚才分享了过去三年做小而美的产品创新和一些街区、城市更新方面的投资方向。在对未来投资方向上，您有没有什么建议呢？

曹福荣：投资本质上也是一种重构与繁荣，这也是我们努力的方向。旅游投资必须兼顾经济效益、文化效益和社会效益，只有把这三个方面结合起来才算一个合格的投资，这是我从事旅游工作25年的体会。

唐晓云：非常感谢九位企业家的精彩分享，我们从富有智慧的分享中看到了繁荣市场中的理性来源，理性来源于企业家对国家战略的理解和责任，来源于企业家对市场繁荣的科学研判，更来源于这样一群为国民旅游权力而不懈奋斗的企业家和他们对美好中国的人生理想。

2023 中国旅游集团 20 强名单发布

12 月 11—12 日，由中国旅游研究院、中国旅游协会主办，祥源控股集团承办的"2023 中国旅游集团化发展论坛"成功召开，论坛公布了"2023 中国旅游集团 20 强"名单。

从 2009 年开始，中国旅游研究院联合发起中国旅游集团专题调查，迄今已连续开展 15 年。本年度中国旅游集团 20 强，继续根据企业申报、诚信背书的原则，按照营业收入决定入围名单。

2023 年中国旅游集团 20 强名单如下：

央企、华北、东北：中国旅游集团、华侨城集团、首旅集团、中青旅控股、海昌集团。

华东：锦江国际集团、携程集团、春秋集团、复星旅游文化集团、华住集团、同程旅行集团、浙旅投集团、杭州商旅运河集团、开元旅业集团、祥源控股集团、山东文旅集团。

华中、华南、西南、西北：湖北文化旅游集团、岭南集团、四川省旅游投资集团、明宇实业集团。

20 强集团排名不分先后，具体按先中央后地方的原则排列。中央企业按国资委对央企排序进行相应排列；地方企业根据注册地，按国家统计局公布统计数据时地方先后顺序排列，同一省区市按照先国有后民营，国有或民营中按照营业收入规模排列。

2023 中国旅游创业创新示范案例 60 佳发布

2023 中国旅游创业创新示范案例 60 佳

——政企合作示范案例 15 佳

2023 年 12 月 11 日，在中国旅游集团化发展论坛期间，中国旅游研究院（文化和旅游部数据中心）战冬梅博士代表课题组，发布了 2023 中国旅游创业创新示范案例 60 佳，现将示范案例按政企合作、产业融合、数字转型、文化创造四个方向发布如下（案例按所在地行政区划排序，排名不分先后）。

2023 中国旅游创业创新政企合作示范案例 15 佳

案例名单

1. "旅行研究所"旅行攻略主题项目（北京朝阳）
北京首旅酒店（集团）股份有限公司

2. Eden 春山里生态教育国际生活示范区（天津蓟州）
天津市蓟州区文化和旅游局

3. "春秋方案"助旅游援建提档升级（上海长宁）
上海春秋国际旅行社（集团）有限公司

4. 2023 南京美食美宿乡村生活季（江苏南京）
南京旅游集团有限责任公司

5. 杭州亚运会奥体中心场馆群夜景灯光提升项目（浙江杭州）
永麒科技集团有限公司

6. 桐庐县梅蓉村黄金左岸农文旅开发运营项目（浙江杭州）
杭州三江两岸旅游发展有限公司

7. 宁波北城城市骊书房（浙江宁波）

上海绿地酒店管理有限公司

8."免减优·促消费"推进文旅产业高质量发展（安徽黄山）

黄山市文化和旅游局

9. 只有河南·戏剧幻城（河南郑州）

河南建业实景演出文化发展有限公司

10."三一"非遗旅游产品：广之旅文旅融合实践（广东广州）

广州广之旅国际旅行社股份有限公司

11. 深圳节日大道（广东深圳）

深圳市福田区文化广电旅游体育局 & 亚洲数据集团产业育成中心（爱奇会展集团有限公司）

12. 三亚开创目的地旅游发展新模式（海南三亚）

三亚市旅游发展局

13. 成都欢乐谷借势大运会打造"体育＋乐园＋音乐"合作范式（四川成都）

成都天府华侨城实业发展有限公司欢乐谷旅游分公司

14. 贵阳新玩法（贵州贵阳）

贵阳市文化和旅游局 & 贵州马蜂窝网络科技有限公司

15. 扎尕那乡村旅游运营创新（甘肃迭部）

浙江深大智能科技有限公司

案例解读

1."旅行研究所"旅行攻略主题项目

攻略种草，文化情感共鸣。首旅酒店集团"旅行研究所"旅行攻略主题项目从旅行需求出发，打破了过往传统目的地旅行营销方式，通过内容攻略种草将情感融入旅行，极大丰富了旅游的内涵和深度，有效刺激并激发了消费者旅行兴趣，推动了文化创新体验的提升以及旅行产品发展新方向，实现了旅行消费增长。

2. Eden 春山里生态教育国际生活示范区

修复生态疤痕，打造生活学院。Eden 春山里——天津市研学旅游基地，以"绿水青山就是金山银山"的发展理念，通过政企合作，将生态修复、研学旅游、乡村振兴与产业发展相结合，从关注自然到关注人，打造了与生活相融的全域生态教育旅游国际生活示范区，为全国生态文明体制改革提供了生动的国内实践。

3."春秋方案"助旅游援建提档升级

思谋于"远"，布局于"深"。春秋集团始终致力于帮扶多省区旅游援建工作，通过发挥"航空＋旅游"资源优势，整合各项优质资源，如包机航线、矩阵宣传等方式，现已形成了一套投入低、见效快、方向准、富有春秋特色的旅游援建工作方案，为航旅融合创新发展，助力地方旅游发展等方面提供了新思路、新航向。

4.2023 南京美食美宿乡村生活季

振兴乡村旅游，激发内生动力。南京旅游集团联合南京市文化和旅游局、南京市农业农村局、南京市民宿协会，以及联动涉农区文旅局共同举办的"2023 南京美食美宿乡村生活季"活动，探索了一条助力乡村文旅产品推广、乡村民宿品质提升，乡村产业发展推动的新路径，为政企合力助推乡村振兴提供了新方案。

5.杭州亚运会奥体中心场馆群夜景灯光提升项目

潋滟清波透光辉，杭州亚运会双莲共舞。永麒科技集团有限公司将数字技术、文化与艺术创新完美融合，以高站位、高标准、高质量的标准为杭州奥体中心场馆群夜景提升"绢白润青"，传承杭州自然美学风格，营造水墨淡彩的夜景基调，不仅向世界彰显了中国文化魅力，更为杭州的夜经济提档升级交出一份高分答卷。

6.桐庐县梅蓉村黄金左岸农文旅开发运营项目

敢于荒滩变绿洲。黄金左岸农文旅开发运营项目，探索出了一条区县配套政策、村镇整合资源、商旅运河集团操盘运营为一体的投资开发运营新模式，通过优势利用，以民宿打造新场景、以文化打造新IP、以产业构建消费新生态为核心，为高质量建设共同富裕示范区提供了新的乡村旅游样板地。

7.宁波北城城市骊书房

因地制宜微创新，政企联动强服务。转型时代，绿地酒店旅游集团作为一家以高端商务酒店为主的酒店管理集团，以宁波北城绿地铂骊酒店为试点，利用酒店开放空间为周边居民、住店客户打造"城市骊书房"，首创了"酒店＋图书馆"模式，不仅打破了业态边界，培育了酒店零售新业态，还实现了微空间打造主客共享新逻辑。

8."免减优·促消费"推进文旅产业高质量发展

创新推进免减优，惠民乐民。黄山市审时度势，认真研判，以旅游景区等企业为着力点，首创景区"免费开放日"制度，掀起全市文旅消费热潮。通过市县区联动、政商企互动，与 500 多家文旅企业线上线下同频共振，有效推动了全市文旅产业高质量发展，提高了全市文化旅游业的社会参与度、经济贡献度和人民满意度。

9.只有河南·戏剧幻城

艺术是文化，也是旅游体验的重要载体。"只有河南"，是将高雅、严肃的戏剧艺术形式作为"被消费主体"，打造全维度文化旅游目的地的重要实验和成功案例。它不仅具有超前的、引领式的艺术价值和社会价值，更是推动了地方文化和旅游的深度融合，树立了河南文化自信。

10."三一"非遗旅游产品：广之旅文旅融合实践

粤见非遗，潮玩岭南。广之旅以"三个一"创新模式，一个线路系列、一套服务标准、一个生活空间，高质量打造了新时代非遗旅游产品，不仅丰富了广东非遗文化体验活动，让更多人以便捷的方式认识非遗、了解非遗、乐享非遗，还为广东旅游业注入更富吸引力的文化内涵，为我国非遗线路打造提供了很好的样本案例。

11.深圳节日大道

首创、首新、首道、首善。深圳节日大道，领先提出以"节日"为核心，"以楼为景、用街做展"，链接城市中心区 CBD 集群，为原有街道改头换面，打造常态化运营的公共文化街区，促进慢行系统与城市景观和功能有机融合，现象级事件不断出圈，强化了深圳城市文化名片。

12.三亚开创目的地旅游发展新模式

创新是发展的第一要义，变革是进步的第一推动力。三亚市旅游发展局，在推动三亚旅游发展过程中，不断常试常新，以市场化发展为导向，探索出了一条以局长负责制为基础的企业化发展架构，以扁平化管理模式助推业务发展，释放运营活力，积极与涉旅企业形成合力，高效服务海南自由贸易港建设。

13.成都欢乐谷借势大运会打造"体育＋乐园＋音乐"合作范式

以欢乐联动梦想，文旅体融合熠熠生辉。欢乐谷集团以"欢乐传递梦想"为口号，打造新玩法、新体验、新优惠，通过助力成都大运会向世界呈现了一场具有中国特色、时代气息、青春风采的活力盛会，展现了蓬勃向上的中国青年力量与精神风貌，体现了文旅体融合发展创新、向上、共享的新模式新风尚。

14. 贵阳新玩法

潮文化、新玩法，城市旅游新气象。贵阳市文化和旅游局 & 马蜂窝以"旅行新玩法"为抓手，聚焦新时代旅游需求，以全国的视野、资源和传播赋能在地旅行商，围绕爽身、爽心、爽眼、爽口、爽购、爽游，打造文商教体旅融合盛宴，将打卡、出圈、潮玩主理人、逛吃等"新"文化玩出"新花样"，让贵阳市焕发新活力。

15. 扎尕那乡村旅游运营创新

美丽乡村尤在，畅游无忧最佳。浙江深大智能与迭部县共创"管委会 + 旅游开发公司"运营管理新模式，依托数字化搭建乡村旅游生态系统，整合扎尕那周边旅游资源，为游客提供"一站式"服务，构建了以游客需求为核心的多元化产品体系，为美丽乡村建设、乡村旅游高质量发展提供了可借鉴的商业模式。

案例代表感言

1. 徐文兰 首旅如家营销中心总经理 / 资深副总裁

大家好，我是首旅如家徐文兰。首先非常荣幸入选此次创业创新案例。感谢中国旅游协会、感谢中国旅游研究院、感谢戴斌院长对我们团队辛勤付出的认可，也是对我们致力于推动行业创新发展的一份肯定。我们将以此为动力，继续探索和创新，为文旅行业的繁荣贡献力量。

2. 秦川 天津市蓟州区政协主席

感谢中国旅游研究院，蓟州区将持续推进春山里国际生活生态教育示范区项目发展，探索产业融合创业创新的新模式，深入推动文化产业和旅游产业融合发展示范区、文化产业赋能乡村振兴试点建设，坚定生态优先绿色发展道路，努力建成京津冀地区的国家级休闲度假目的地和宜居宜游的山水文化名城。

3. 吴红 上海春秋国际旅行社（集团）有限公司 副总裁

春秋的旅游援建能够入选政企合作示范案例，我代表春秋集团感谢主办方，感谢上海市合作交流办、上海市文旅局以及各地援建干部们。我们将继续优化方案，为中国旅游业的高质量发展贡献力量。

4. 钱洁 南京旅游集团副总经理

感谢中国旅游研究院！2023 年，南京旅游集团携手市相关部门，举办了"2023 南京美食美宿乡村生活季"系列活动，让美丽乡村走进都市街区、触达城市客群，集团将持续为旅游产业发展引流量、扩影响、优供给、注动能。

5. 尹小兰 永麒科技集团有限公司副总经理

感谢中国旅游研究院！很高兴杭州亚运会奥体中心场馆群夜景提升项目能入选范例。我们将继续努力，为城市夜经济注入更多活力。感谢所有的支持伙伴，希望有机会与大家共同创造未来！

6. 金业丰 杭州三江两岸旅游发展有限公司总经理助理

非常荣幸代表桐庐梅蓉村项目在此接受这份殊荣。感谢中国旅游研究院的认可，感谢评委会的肯定，感谢杭商旅的大力支持。桐庐梅蓉村是我们的起点，这个荣誉是对我们工作的肯定，激励着我们继续前进。我们将持续努力，回馈股东、回馈市场、回馈社会。谢谢！

7. 章明念 宁波北城绿地铂骊酒店 总经理

我是绿地酒店集团的章明念。过去两年，绿地铂骊酒店携手宁波图书馆创新"酒店＋图书馆"模式，共同在宁波北城打造了融入社区、服务社区的"城市骊书房"在地文化主题书店，为酒店所在区域创建了主客共享微空间。目前，我们正计划将该模式带至全国。

8. 吴小胜 黄山市文化和旅游局党组书记、局长

这份荣誉不仅仅是对我们过去工作的肯定，更是对我们未来工作的期待。我们将在文旅部和中国旅游研究院的指导下，进一步深化政企合作，创新推进"免减优·促消费"，为人民群众提供更加优质的文旅体验。谢谢大家！

9. 姚培 建业集团副总裁、建业文旅总经理

非常荣幸《只有河南》能够入选本次范例，感谢主办方的认可和肯定。未来，我们将继续与政府部门加强联动、拓展合作领域、创新合作模式，期待政企合力将迸发出新的势能。谢谢！

10. 陈白羽 广州岭南集团控股股份有限公司总裁

广之旅"三一"非遗文旅融合项目的入选对我们是莫大的鼓励。我们相信：非遗在民间、非遗在旅途，是对中华优秀传统文化的保护和传承。我们会继续努力，让非遗遇见新时尚。

11. 王立萍 深圳市福田区人民政府副区长

感谢戴斌院长！"节日快乐到节日大道"已成为深圳都市旅游的一张名片。福田区将紧抓粤港澳大湾区战略机遇，着力发展都市旅游、街社旅游，代表深圳全力打造人民对美好生活向往的示范场景。

12. 叶家麟 三亚市旅游发展局局长

由衷感谢大家对三亚旅游创新发展工作的认可！获此荣誉，激励我们要更加努力为旅游创新发展拼搏，我们将始终坚持创新驱动，不断推动旅游业升级，高效服务中国旅游业高质量发展！谢谢！

13. 宁福臣 华侨城·成都欢乐谷总经理

感谢主办方给予"同大运 共欢乐"项目殊荣，未来，我们将立足城市，以"动感、时尚、激情"助力文旅发展，为人民创造更多欢乐。

14. 胡琳 贵阳市文化和旅游局局长

感谢中国旅游研究院！贵阳市文化和旅游局联合马蜂窝，以"贵阳新玩法"为抓手，凭借新一代旅行服务商，市场化、年轻化的贵阳力量被大家看见，成为年轻人喜爱的宝藏旅行城市。未来会更加努力为文旅营销创新发展贡献新思路新方法。

15. 陈晓华 深大智能集团 智慧旅游研究院 副院长

尊敬的各位领导、嘉宾，大家好！非常荣幸获此荣誉，感谢中国旅游研究院的认可和支持，我们将继续努力，通过"数智赋能、运营创新"助力乡村旅游发展、同时为文旅集团、景区及旅游目的地的数字化转型升级提供数字化建设与运营方案。

2023 中国旅游创业创新示范案例 60 佳

——产业融合方向示范案例 15 佳

2023 年 12 月 11 日，在中国旅游集团化发展论坛期间，中国旅游研究院（文化和旅游部数据中心）战冬梅博士代表课题组，发布了 2023 中国旅游创业创新示范案例 60 佳，现将示范案例按政企合作、产业融合、数字转型、文化创造四个方向发布如下（案例按所在地行政区划排序，排名不分先后）。

2023 中国旅游创业创新产业融合方向示范案例 15 佳

案例名单

1. 创新党建红培·助力乡村振兴（北京）
中国康辉旅游集团有限公司

2. 熊洞街（辽宁大连）
大连博涛文化科技股份有限公司

3. 航旅融合助力目的地的生态圈建设（贵州）
上海航空国际旅游（集团）有限公司

4. 产业融合创新（上海）
华住集团

5. 东台市以顶层思维打造高端康养旅游目的地（江苏东台）
江苏省东台市

6. 大运河杭钢公园（杭州拱墅）
杭州运河辰祥工业遗址综合保护开发有限公司

7. "囤旅游"消费模式（浙江杭州）

浙江飞猪网络技术有限公司

8. 濮院时尚古镇（浙江桐乡）

桐乡市濮院旅游有限公司

9. 台州府城文化旅游区（浙江临海）

台州府城文化旅游发展有限公司

10. 宋元海丝宴（福建石狮）

石狮市文化体育和旅游局

11. 青岛啤酒博物馆（山东青岛）

青岛啤酒文化传播有限公司青岛啤酒博物馆

12. 文旅产业融合示范（河南中牟）

河南省郑州市中牟县

13. 抢占"电化长江"新赛道 打造绿色智能游轮新产业（湖北宜昌）

宜昌城市发展投资集团有限公司

14. 岭南控股酒店公共空间活化项目——创建主客共享新场景，重构产业共生新价值（广东广州）

广州岭南集团控股股份有限公司

15. 元气森林四川都江堰工厂景观公园（四川都江堰）

元气森林（四川）饮料有限公司

北京巅峰智业旅游文化创意股份有限公司

案例解读

1. 创新党建红培 · 助力乡村振兴

中国康辉旅游集团是国有旅行社中第一家专业设立开展党建红培业务的文化旅游公司。与国史学会合作，积极培养自己的人才队伍，以"校企合作"机制，培养党史讲师团队。将人员组织、现场协调、内容培训实现一体化的整合，由简单的资源整合到打造"内容＋服务"。推出情景化教学模式，沉浸式体验教学活动，更加能够调动年轻一代党员参与党建培训学习的积极性，提升学习效率。

2. 熊洞街

大连熊洞街由博涛文化利用大连冰山集团旧厂房改造,构建主客共享新空间、创造旅游消费新场景、塑造城市 IP "巨熊北北" "熊战士机甲" 和 "趴体熊"、运用市场化思维集民营企业和社会资本全面参与的合作力量打造创新型文商旅综合体。

3. 航旅融合助力目的地的生态圈建设

八年磨一剑,开辟航空线路、设计运营航空主题旅游产品、建设旅游吸引系统及目的地的营销,航线、产品、景区、营销四位一体,打造航旅目的地。以航旅融合 4.0 模式开启贵州航旅目的地打造实践,建设贵州黄金航旅目的地生态圈。

4. 产业融合创新

打造可持续性,助力高质量发展。华住集团深知旅游行业的高质量发展、可持续发展,离不开加盟商、供应商以及所有生态圈伙伴的支持融合,大家命运与共,互相协作。华住集团多措施不断强化供应链管理能力、完善供应商、加盟商赋能体系,"共商、共建、共享" 彼此携手并进、共同成长,建立酒店行业高效能生态圈,创造 "共赢" 的未来。

5. 东台市以顶层思维打造高端康养旅游目的地

东台文脉绵长、人文荟萃,坚持传承与发展并重,深度激活人文底蕴,散发 "文旅融合" 独特魅力。依托农业基础,全域放大乡村特色,大力发展 "农旅融合"。多维释放生态价值,快速兴起 "康旅融合",高标杆打造高端康养旅游目的地。

6. 大运河杭钢公园

大运河杭钢公园是保护传承利用千年运河文化、百年工业文明的标志性项目之一。以艺、文、潮流活动常态化,形成集音乐文化、艺术演艺、露营体验等多维一体的户外生活方式中心。以音乐与商业融合转化,打造集音乐文化、艺术演艺、主题商业等多维一体的复合空间,构建极具年轻文化引导力的文化商业综合体。以艺文产业生态创新化,创造文娱产业新生态,打造杭钢公园音乐产业发展基地。

7. "囤旅游" 消费模式

开创了旅游企业和品牌的官方旗舰店模式,为商家打造 "数字化直营解决方案",在旅行行业率先发起 "双 11" 大促活动,并首创了 "先囤后约" 模式,充分发挥平台价值和数字化能力，实现商家供给与消费需求的高效连接和集中释放。飞猪通过在技术和产品领域持续投入，优化商品库存在线预约系统和内容化营销能力，与"双 11"大促的营销矩阵、达人主播等资源相结合，有效集纳消费者潜在出游需求，帮助商家进行远期库存管理，实现全年综合收益最大化。

8. 濮院时尚古镇

濮院时尚古镇被誉为嘉禾巨镇，是明清五大名镇，也是中国羊毛羊绒服装大镇。依托并充分利用江南水乡古镇资源、地域历史文化资源、毛衫小镇产业资源，以"中国时尚古镇"为总体定位，打造集观光游览、休闲度假、时尚文化、商务会展为一体的度假胜地。

9. 台州府城文化旅游区

她是一座历史的古城、一座文化的古城、一座铁血的古城、一座人民的古城。台州府城文化旅游区在古城中诞生并焕发生机。以文旅融合、景城一体、业态多元，打造"左手书卷气，右手烟火味"的府城，并以文旅融合赋能千年府城高质量发展。

10. 宋元海丝宴

通过文化赋能美食，美食活化世遗，推动美食文旅融合，用舌尖带动脚尖、食客带动游客，促进文旅经济做优做强。

11. 青岛啤酒博物馆

青岛啤酒博物馆在保护基础上，充分做到让"文物活起来"，通过展陈互动创新、服务模式创新打造出一座兼具历史和现代、文化和时尚的博物馆新形态。"工业旅游"不再局限于参观单调的工业机器，而是"可观、可赏、可吃、可玩"，以时尚多元的惊喜体验打造城市文化地标，实现了工业遗产的创造性价值转化。

12. 文旅产业融合示范

中牟历史名士的故乡、中国主题乐园大县。通过做优顶层设计、培优发展土壤、强化项目支撑、提升沉浸体验，注重双向互动、打造圈粉热点，打造"文旅文创"赋能县域经济高质量发展的全国新范本。

13. 抢占"电化长江"新赛道 打造绿色智能游轮新产业

宜昌城市发展投资集团以融合为要，聚力打造绿色智能游轮旅游全产业链。聚焦"两业融合"新路径，提升产业"含新量"。打造"交能融合"新样板，助推航运"含绿量"。增添"交旅融合"新底蕴，提升发展"含金量"。实现生态与经济效益双赢、社会与品牌影响共促。

14. 岭南控股酒店公共空间活化项目——创建主客共享新场景，重构产业共生新价值

通过内容策划和跨界合作，将酒店公共空间从单一配套性辅助区域转化成集生活方式、体验价值与创收能力为一体的综合性空间，强化"酒店即目的地"属性，更通过与城市、社区融合延伸，成为在地文化生态圈和"酒店 +"产业链的重要环节。

15. 元气森林四川都江堰工厂景观公园

元气森林都江堰工厂是一个集企业生产、员工生活、参观体验和政务考察于一体的多功能体验空间，实现企业品牌推广和工业旅游场景多元共融发展。

案例代表感言

1. 渠宝安 中国康辉旅游集团有限公司副总裁

感谢主办方对康辉的厚爱与鼓励。伴随中国旅游国际化发展历程，康辉集团即将走过 40 载。同样，我们将以盛会为起点，携手同业，百舸争流，扬帆起航共未来！

2. 肖迪 大连博涛文化科技股份有限公司 董事长

中国旅游研究院授予熊洞街产业融合示范案例殊荣是对民营文旅企业极大的鼓舞和鞭策。博涛文化将再接再厉，用尖叫地标为城市赋能。

3. 万蕾 上航旅游集团企业发展部总经理

感谢各位领导、同仁们！我来自上航旅游，八年磨一剑，我们不断探索和实践，推动航旅深度融合。本次入选示范案例是对上航旅游航旅融合模式的认可，我们会以此为动力，继续前行，助力目的地生态圈建设。再次感谢！

4. 陈雨明 华住供应链支持中心副总裁

感谢中国旅游研究院给予我们这份殊荣。在新时代，新征程上，华住集团仍将不忘初心，继续聚焦高质量发展航向，坚持产业融合与创新，为行业发展以及旅途中美好生活的创造做出努力和贡献。

5. 王颜勤 东台市委常委、统战部部长

衷心感谢中国旅游研究院对东台的肯定。我们将以此为新的起点，高标杆打造全国知名的高端康养旅游目的地，让世界遗产地、生态康养城更加令人神往。一路走来、还是东台。我在东台等您来！

6. 汪伟涛 杭州运河辰祥工业遗址综合保护开发有限公司支部书记、董事长

大运河杭钢公园是大运河国家文化公园的标志性项目之一，我们将在杭州市商旅运河集团的坚强领导下，一如既往地探索城市老工业区文旅产商融合创新发展。恳请各位继续给予我们关心和指导。

7. 李阳 飞猪旅行公共事务总经理

飞猪旅行首创"囤旅游"模式显著降低了消费者下单时的决策门槛，把商家供给和消费需求进行了高效连接和集中释放，越来越成为消费者追求美好生活与性价比的一条平衡路径。

8. 张晓峰 顶度集团规划院院长

濮院时尚古镇是顶度集团陈向宏团队的又一扛鼎之作。濮院以时尚产业＋古镇休闲为主导产业，致力于将其打造成为中国第一时尚古镇。自试营业以来，已成功举办了几十场大型时尚节庆活动，濮院将实现文化旅游与时尚产业的双向赋能。

9. 林敏 临海副市长

台州府城文化旅游区非常荣幸能够入选为示范案例，我们将持续打造"千年台州府 江南真宋城"，不断提高"后5A时代"景区品质。也诚邀各位齐聚台州府城，共享"古城下生活"。

10. 蔡迎媚 石狮市文化体育和旅游局局长

非常感谢组委会和业界对这个项目的厚爱和认可。石狮是一座历史和时尚交融的滨海城市，也是一座美食城市。宋元中国看泉州，海丝航标看石狮。欢迎来石狮，听世遗故事，眺海丝航标，品宋元佳肴！

11. 曾超 青岛啤酒文化传播有限公司副总经理

大家好，很荣幸青岛啤酒博物馆入选2023年产业融合示范案例，期待与各位专家及同行共同探索，积极推进产业融合发展。

12. 赵启恒 中牟县委常委、宣传部长

非常荣幸中牟县能够入选产业融合15佳示范案例。中牟县地处古都郑州、开封中间，距两个城市各30公里，是中国式现代化主题乐园发展的积极实践者。中牟是习总书记提出的郑开同城化战略的核心发展区，是一片充满创意、创造、创新的发展热土，也是一座让人流连忘返的幻乐之城。得中原者得天下，谋中牟者谋未来。中国中原中牟欢迎您，期待在中牟给您当导游。

13. 宋鹏程 宜昌交通旅游产业发展集团有限公司党委副书记、副总经理

很荣幸能够入选 2023 产业融合示范案例。宜昌城发集团抢占"电化长江"新赛道，打造绿色游轮新产业，取得了初步成效，还将继续努力，为旅游产业特别是内河游轮旅游产业发展贡献更大力量！

14. 陈白羽 广州岭南集团控股股份有限公司总裁

很荣幸岭控酒店公共空间活化项目入选产业融合创业创新示范案例。新消费需要新场景，新场景是美好生活的缩影。我们将持续探索新业态在场景中的呈现，为消费者提供更丰富的休闲产品。

15. 刘锋 全联旅游业商会常务会长、北京巅峰智业旅游文化创意股份有限公司创始人、华侨城旅游投资管理集团有限公司董事长

首先对戴院长和中国旅游研究院的肯定表示由衷的感谢！巅峰智业作为文旅产业创新引领者，这个项目通过找魂定主题、塑形造场景、激活引业态三部曲，创造出美好旅游新体验。感谢大家认可！

2023 中国旅游创业创新示范案例 60 佳

——数字转型方向示范案例 15 佳

2023 年 12 月 11 日，在中国旅游集团化发展论坛期间，中国旅游研究院（文化和旅游部数据中心）战冬梅博士代表课题组，发布了 2023 中国旅游创业创新示范案例 60 佳，现将示范案例按政企合作、产业融合、数字转型、文化创造四个方向发布如下（案例按所在地行政区划排序，排名不分先后）。

2023 中国旅游创业创新数字转型方向示范案例 15 佳

案例名单

1.《本色中国 VR CHINA》及《给孩子的中国国家地理》VR 交互图书（北京东城）

恒信东方文化股份有限公司

2. 马蜂窝"游云"SaaS 系统

北京马蜂窝网络科技有限公司

3. 数字巴士客运（北京朝阳）

首约科技（北京）有限公司

4. 春秋智行伴侣（上海长宁）

上海春秋旅行社有限公司

5. "探秘山海经"大型沉浸式艺术展（上海闵行）

上海奇创旅游集团有限公司

6. 文旅科技与 IP 融合创新产品赋能旅游目的地（辽宁大连）

海昌海洋公园

7. 拈花云智慧文旅云平台（江苏无锡）

无锡拈花湾文化投资发展有限公司

8. 祥源·颍淮生态乐园数景融心（安徽阜阳）

杭州小岛网络科技有限公司

9. 泰宁历史名城的数字化再生（福建泰宁）

福建理工大学

10. 齐白石沉浸式数字光影艺术展（四川成都）

山东金东数字创意股份有限公司

11. 银基国际旅游度假区（河南郑州）

河南银基国际旅游度假区管理有限公司

12. 数字龙门 2023（河南洛阳）

《时尚》杂志社有限责任公司

13. 刘三姐数字人（广西南宁）

广西旅游发展集团有限公司

14. 尧头窑文化旅游生态园区（陕西澄城）

西安旅游集团景区管理有限公司

15. 星旅 TStar（广东深圳）

香港中旅国际投资有限公司

案例解读

1.《本色中国 VR CHINA》及《给孩子的中国国家地理》VR 交互图书

中国美景"走出去"，中国本色看起来。恒信东方团队通过创新技术的综合应用，打造出《本色中国 VR CHINA》智慧文旅产品，成功地将中国美景"走出去"，展示了中国本色。利用新技术为游客提供了沉浸式体验，并从自然、人文、现代三个维度向世界展示中国本色。团队打造了国家级文化品牌和国民级文化产品，实现多场景应用和多渠道宣传推广，将文旅资源转化为完整的科学知识体系，打破了传统文旅衍生品销售的地理边界。

2. 马蜂窝"游云"SaaS 系统

针对旅行社全链路数字化需求而开发的新平台，旨在打破供应链瓶颈，实现全方位提效。游云 SaaS 系统通过一个系统实现"产品设计—订单生成—团单安排－合同签署－资金收付"全流程闭环,方便易用,还能根据系统数据的积累以及不同类型资源、玩法等要素的沉淀,实现规模化生产。游云 SaaS 系统的创新亮点在于其高效协同与交付能力,以及根据数据积累和资源沉淀实现规模化生产的能力,极大地解放了生产力。

3. 数字巴士客运

首约科技凭借其卓越的技术实力和创新意识,成功搭建车辆线上一体化运营管理平台,助力旅游分公司实现数字化转型,提升车辆运营效率,降低管理成本,更好地服务客户。此运营管理系统打破了传统技术局限,实现对车辆的实时监控和信息管理,提高管理水平。同时,加强营运车辆的统一监控,规范车辆和相关企业行为,建立良好营运秩序,为加强道路运输安全管理起到积极作用。

4. 春秋智行伴侣

春秋智行伴侣,作为春秋旅游平台首款大模型人工智能,是旅游与科技完美结合的典范。它的出现,彰显了春秋旅游在数字化改造中积极进取、勇于创新的精神。AI 技术的深度应用,使春秋智行伴侣不仅为旅游行业带来了高效运营,更为广大游客提供了便捷、个性化的全新服务体验。这不仅是春秋旅游在数字化、智能化道路上的一次技术飞跃,更是对整个旅游行业创新发展的有力推动。

5. "探秘山海经"大型沉浸式艺术展

奇创旅游集团与华东师范大学的合作,成功地从浩如烟海的中华优秀传统文化宝库中发掘出《山海经》这一宝藏,以"六有"特征打造出超级文化 IP,更通过创新的艺术和科技手段,让《山海经》的奇幻世界在上海的展览中生动呈现。展览以多样化的艺术性表达为核心思路,以数字光影互动为展览亮点,打造出一场集科普、美育、传统文化为一体的沉浸式视听盛宴。

6. 文旅科技与 IP 融合创新产品赋能旅游目的地

作为亚洲最大的海洋主题公园运营商,海昌海洋公园不仅在中国文旅行业中享有盛名,更是创新与融合的典范。从 2002 年的首家海洋馆到如今,海昌始终站在旅游创新的前沿,巧妙地将科技与文化相结合,推动产业的深度融合。他们不仅成功孵化了一系列文娱创新技术企业,还与顶级文创伙伴共同合作,将科技与文化的融合成果广泛应用于旅游消费场景中。这些前瞻性的创新为旅游场景的发展注入了新的活力,赢得了多方权威的关注和认可,推动了文旅娱科技在海洋展示、互动娱乐等领域迈向新的高峰。

7. 拈花云智慧文旅云平台

无锡拈花湾文化投资发展有限公司以数字化赋能文旅景区运营，创新打造"拈花云智慧文旅平台"，构建了完整的数字化运营体系，实现了文旅景区的体验、服务、商业模式和管理模式的创新。他们为游客提供了便捷化、个性化的游玩服务体验，为景区运营管理提供了高效数字化工具。数字化建设成为推动拈花湾景区高质量发展的重要引擎。

8. 祥源·颍淮生态乐园数景融心

作为祥源文旅旗下的核心企业，杭州小岛网络科技有限公司致力于文旅数字化领域，阜阳生态乐园是其成功打造的数字转型升级样板案例，彰显了祥源文旅卓越的创新能力与实力。通过数字化赋能，阜阳生态乐园数字样板案例打造出行业新模式，标志着祥源文旅提前布局创新数字化业态，逐步迈向"文化 IP+ 旅游 + 科技"的全产业链模式。同时，这一案例也是数字化智能提升旅游体验以及数字化转型提高管理效率的典型代表。

9. 泰宁历史名城的数字化再生

福建理工大学通过"三态融合"策略，将泰宁千年古城的历史建筑资源进行数字化保护，实现古镇活化再生。通过创新性地建构福建省县域级全覆盖式历史资源数字化平台，为文旅产业带来新的增长点。他们的努力不仅解决了社会问题，还产生了经济效益。

10. 齐白石沉浸式数字光影艺术展

齐白石沉浸式数字光影艺术展是由金东数创在文化数字化战略指导下，携手北京画院、中国对外艺术展览有限公司精心打造展览在内容创意、技术创新、体验创新等多维度实现突破，催生了艺术数字新业态、新场景，取得了良好的社会效益和文化效益，成为文化数字化创新实践的一个成功示范。

11. 银基国际旅游度假区

首银基数字旅居凭借其数智化技术，包括游客预测、预约购票、智能导览、多业态联营以及 AI 内容生产等，与度假区的酒店、乐园资源紧密结合，实现了信息一体化和智能设备的完美布局。成功地打通了旅居场景的全链路，形成了独具特色的数字旅居生态链，为文旅行业带来了全新的业态和模式，大大提高了旅游产品的服务质量和品牌价值。在保障游客隐私的同时，通过智能客服机器人，为游客提供了安全、舒心的旅居体验。

12. 数字龙门 2023

龙门石窟，这个举世闻名的文化宝藏，是联合国教科文组织的世界遗产地。龙门石窟拥有超过 10 万尊佛教造像，这些雕像见证了古代艺术的繁荣，是中华民族宝贵的文化遗产。近年来，河南电视台的《龙门金刚》节目将奇幻特效与石窟雕像相结合，展示了古代艺术与现代科技的完美融合。在 2023 年，《时尚旅游》作为美国《国家地理·旅行者》杂志的中文版权合作方，推荐的河南省龙门石窟成为唯一上榜的中国目的地。这一荣誉不仅是对龙门石窟的认可，也是对中国文化的肯定。

13. 刘三姐数字人

作为超写实文旅数字推广大使，刘三姐数字人被广西文化和旅游厅正式授予"广西文化旅游数字推广大使"的称号。以广西传统文化 IP"歌仙"刘三姐为原型，结合现代顶尖科技，刘三姐数字人不仅拥有超强 AI 智能大脑，还为广西文旅产业提供了全新的产品形态、生产方式和消费模式，探索出广西文旅的新生态、新消费、新动能与新未来。

14. 尧头窑文化旅游生态园区

西安旅游集团景区管理有限公司以助力文化传承、促进现代文化和旅游业体系建设为使命，打造了尧头窑文化旅游生态园区。园区实现了让非遗传承点亮黄河文化遗产、民俗展演活化历史景区、教育产业赋能文旅发展、特色文创激活黑瓷文化、夜间经济促进旅游发展、历史元素打造多元化场景等重要成就。

15. 星旅 TStar

星旅 TStar 小程序将 AI 旅拍与景区门票结合，提供便捷的数字纪念票服务，利用元宇宙的 NFR 技术实现快速推广。已与多个知名景区合作，展示出广阔的市场前景。AI 技术降低旅拍成本，成为在线自助式云服务，极大提升便利性，并嫁接到景区门票体系，推出数字纪念票创新产品。AI 旅拍是景区文化元素的数字化载体，可完整呈现景区自然风光和人文景观，有力推动景区文化消费的经济圈建设。

案例代表感言

1. 陈巍 恒信东方文化股份有限公司商务总监

恒信东方《本色中国 VR CHINA》及《给孩子的中国国家地理》VR 交互图

书以山川之口诉说，以岁月之目洞见，以未来之手书写。感恩我们拥有青山绿水，沉淀于文明长河。感谢主办方给予的评价，未来我们将继续努力，发挥数字化转化优势，传播中华文明，谢谢。

2. 赵卿 马蜂窝"游云"产品总监

我代表马蜂窝"游云"平台项目，感谢中国旅游研究院对我们的认可。"游云"SaaS 系统是马蜂窝基于行业预判和响应文旅部推进旅行社数字化转型发展的号召，进行布局研发的。希望能帮助旅行社提质、降本、增效。未来我们将和更多行业伙伴携手，为新型旅游服务商的数字化转型贡献更多力量。谢谢！

3. 闫磊 首汽约车副总经理

非常荣幸入选本次创业创新示范案例。感谢中国旅游研究院提供了这么好的平台。未来，我们还会结合首约在网约车领域的经验，助推旅游巴士数字化管理模式更好地发展。

4. 时珠荣 上海春秋旅行社有限公司副总经理

感谢中国旅游研究院、各位评委对我们项目的认可，旅游行业正面临以人工智能为代表的新一轮技术跃进，希望和行业伙伴一起，坚持技术创新给旅游行业赋能。让旅行更智能，让文化更生动。

5. 马磊 奇创旅游集团董事长兼总裁

感谢中国旅游研究院对于奇创旅游集团的鼓励与嘉勉。文旅集团作为市场主体，其成长必须融入国家战略，在与时代的同频共振中实现发展。奇创以探秘山海经为起点，将继续从创造需求的产品端和供给侧发力，用好科技、艺术、文创等手段，赋活传统文化，打造更多引客、留客的文旅新场景、新业态、新产品，为游客创造美好旅游体验，为中国文旅产业发展持续增添新的动力，为文旅目的地创造更大的经济价值。

6. 李昌霞 海昌海洋公园副总裁

感谢中国旅游研究院对海昌的认可和肯定。我们倍感荣幸、也深受鼓舞。未来我们将继续探索海洋文化与智能科技、IP 内容的融合创新，匠心创造"有梦、有爱、有快乐"的高质量新品，携手同行共创新篇！

7. 徐稳 无锡拈花云科技服务有限公司副总经理

在此，我代表拈花湾文旅感谢主办方的认可，我们将继续推动行业创新，为文旅企业注入数字新动力，让旅游体验更加智能、便捷、安全。让科技赋能文旅，让智慧美好生活！

8. 王琦 浙江祥源文旅股份有限公司董事会秘书

感谢中国旅游研究院对小岛科技、对祥源的认可。祥源始终致力于推动旅游行业数字化创新，阜阳生态乐园的案例就是有益尝试。未来，祥源人将会持续投身于旅游创业创新热潮中，并激发更多的朋友参与进来。让我们一起为旅游创业创新的未来而努力！谢谢大家！

9. 缪远 福建理工大学设计学院院长

首先，非常感谢主办方给予这次难得的学习机会。我校数字化团队联合泰宁县政府共同完成福建省首例县域级历史文化资源数字化平台，旨在利用数字孪生技术对泰宁历史资源进行数字转化，达成保护与展示的目的，同时助力地方产业进行数字化转型，其实践成果也获得了本次主委会与省内专家同行的认可。最后，希冀借由此次论坛能与业内专家同行进行广泛交流，并莅临我校进行参观指导，谢谢！

10. 周安斌 山东金东数字创意股份有限公司 董事长

感谢中国旅游研究院、感谢戴斌院长！金东数创擅长以数实融合打造数字化文化新场景。很荣幸齐白石数字展入选中国旅游创业创新数字转型示范案例，为中国优秀传统文化的创造性转化与创新性发展提供实践参考。金东数创将再接再厉，以数字创意赋能百业千城！

11. 李傲 河南银基文旅集团副总裁

非常荣幸我们的数字转型案例能够入选示范案例，感谢中国旅游研究院和业界同仁对银基的厚爱与嘉勉，我们将持续推动数字化创新，为游客带来更新、更奇、更好的度假体验。

12. 李方方 时尚生活事业部总经理

《时尚旅游》推荐的河南省龙门石窟是 2023 年度美国《国家地理·旅行者》25 个最值得前往的目的地之一。《时尚旅游》作为美国《国家地理·旅行者》杂志的中文版权合作方，不仅有强大的、基于中国市场的内容原创能力和目的地内容挖掘能力，还能利用明星、名人的资源整合能力，国际水准的摄影和视觉表现能力以及国际版权的独特优势，将最具代表性的中国目的地以最优质的沟通方式推广至世界。

13. 喻新征 广西旅发一键游数字文旅产业有限公司董事长

尊敬的各位领导嘉宾大家下午好！非常感谢大家对"刘三姐"数字人的大力支持，下一步我们将"刘三姐数字人"与 AI 文旅进一步融合提升，为游客带来更加丰富、便捷、个性化的旅游体验，为文化旅游行业数字化服务注入新的活力！

14. 周亚胜 西安旅游集团景区管理有限公司战略发展部部长

西安旅游集团景区管理有限公司带着我们在景区运营、数字文旅、文创 IP 等领域的经验，结合西旅集团的产业布局，愿与全国文旅企业进行合作。感谢主办方对中国黑瓷之乡尧头窑景区文化创新的肯定，我们将把这份荣誉转化成"传承黄河黑瓷文化、活化黑瓷非遗技艺"的动力，用创新运营模式点亮千年窑火，让世界看见尧头窑。

15. 周源邵 香港中旅国际投资有限公司数字科创部总经理

感谢主办方！非常荣幸中旅国际入选数字转型示范案例。作为一家致力于景区投资运营的上市旅游央企来说，如何加速推进景区数字化转型，做好科技创新与文旅融合是我们的使命和责任。我们将继续坚定信念，不断探索创新，拥抱元宇宙，力争为旅游行业的发展作出更大贡献。谢谢！

2023 中国旅游创业创新示范案例 60 佳

——文化创造方向示范案例 15 佳

2023 年 12 月 11 日，在中国旅游集团化发展论坛期间，中国旅游研究院（文化和旅游部数据中心）战冬梅博士代表课题组，发布了 2023 中国旅游创业创新示范案例 60 佳，现将示范案例按政企合作、产业融合、数字转型、文化创造四个方向发布如下（案例按所在地行政区划排序，排名不分先后）。

2023 中国旅游创业创新文化创造方向示范案例 15 佳

案例名单

1. 东来顺集团非遗主题话剧《西去东来》（北京）

北京东来顺集团有限责任公司

2. 全聚德·中轴食礼（北京西城）

中国全聚德（集团）股份有限公司

3. 河北旅投西柏坡红色胜典景区（河北石家庄）

河北旅游投资集团股份有限公司

4. 2023 年山西省第九次旅游发展大会暨云冈文化旅游季开幕式（山西大同）

中青旅联科（北京）数字营销有限公司

5. Club Med 白日方舟

复星旅游文化集团

6. 亚朵"中国体验"：以中国优秀传统文化推进酒店体验创新

亚朵集团

7. "开心巴士"·建筑可阅读主题车（上海）

春秋集团旗下蜻蜓观光巴士有限公司

8. 熙南里笪桥灯市（江苏南京）

南京旅游集团南京城建历史文化街区开发有限责任公司

9. 山东手造，打造文旅融合新标杆（山东济南）

山东文旅景区投资集团

10. 安阳洹河夜游（河南安阳）

安阳市文化旅游发展集团有限责任公司

11. 华开天下·华天酒店集团新型国有企业文化（湖南长沙）

华天酒店集团股份有限公司

12. 三峡之光 诗画长江（重庆巫山）

重庆市巫山旅游发展集团有限公司

13. 卡莎莎乡村度假区（四川乐山）

重庆圣东旅居装配式建筑技术有限公司

14. 长安十二时辰主题街区（陕西西安）

西安唐时良辰文化旅游发展有限公司

15. 汉服回潮 20 周年（陕西西安）

《时尚》杂志社有限责任公司

案例解读

1. 东来顺集团非遗主题话剧《西去东来》

弘扬文化自信，践行老字号守正创新。非遗主题话剧《西去东来》以东来顺品牌 120 周年庆典为契机，展现了百年老字号所蕴含的传统文化和非遗文化价值。整场演出历时 150 分钟，讲述了东来顺 120 年的风雨历程和时代变迁。话剧《西去东来》的上映彰显了东来顺集团在挖掘老字号故事、传承老字号文化、繁荣首都文化市场、助力国家文化事业等方面的国企力量。

2. 全聚德·中轴食礼

中轴线上的中轴美食。全聚德作为前门大街上历史悠久的老字号，紧抓"中轴线申遗"机遇，打造了北京首家集"中轴线文化"和"京味饮食文化"于一体的文化体验店——"中轴食礼"。该店以"食礼"贯穿各经营版块，展示了老字号的全新面貌和古老中轴的活力，进一步彰显了"美食＋历史＋文化"的融合魅力。全聚德在产品研发上也不甘示弱，推出了"文创糕点"和"京式茶点"，以及受年轻消费者喜爱的椰子系列产品。这些创新举措使全聚德在传承中轴线文化和老字号传统的同时，也走向了更加广阔的市场。

3. 河北旅投西柏坡红色胜典景区

走向胜利：中国共产党斗争史文化长廊。选取中国共产党党史、军史和中国人民革命斗争史上具有代表意义的节点、事件，仿建众多景区，串联起中国共产党的胜利之路。主打党史教育、红色研学、党建培训一站式党史学习红色旅游基地，创新打造元气森林西柏坡文创汽水，落地无人驾驶智能新项目，紧紧围绕红色文化主题。

4. 2023年山西省第九次旅游发展大会暨云冈文化旅游季开幕式

云动天下，潮起大同。中青旅在山西省第九次旅游发展大会暨云冈文化旅游季开幕式中，凭借其出色的策划和执行能力，赢得了广大游客的赞誉。他们精准定位云冈石窟文化IP，创新演出形式，突出地域文化特色，强化情感共鸣，为观众呈现一场震撼的视听盛宴。此次活动不仅带动了大同旅游业的增长，也提升了山西旅游的知名度和影响力。

5. Club Med白日方舟

中国式城市度假探索，让日常忙碌的都市人群"一键切换"至度假成为可能。"坚持外来文化本土化，本土文化国际化"，将先进的经营理念与本土的市场环境相结合，拉近度假与消费者之间的心理距离，打造符合中国消费者喜好的国际化度假产品。

6. 亚朵"中国体验"：以中国优秀传统文化推进酒店体验创新

将人情味植入到现代酒店服务中，倡导"中国体验"。秉承中国待客之道，弘扬中华文化之美，让人们感受到温暖、适度、有人情味的邻里文化。在尊重客人空间和隐私的基础上，结合"峰终定律"细分17个服务触点，通过服务产品化覆盖用户的大部分需求。鼓励酒店员工积极营造"出入相友，守望相助"的友邻氛围，亚朵实行"全员授权"，每位酒店员工无需请示即可使用500元额度（或一天房费的权利）去解决每位客人提出的合理需求。

7. "开心巴士"·建筑可阅读主题车

"开心巴士"引发"观光＋戏剧"创新融合。"开心巴士"将城市观光、剧场演艺、沉浸式体验、导览、互动等元素充分融合，在"建筑可阅读"专线的基础上创新升级观光体验感，成为上海首部兼具观光体验的"戏剧巴士"，更是一个充分融入城市街区的"移动剧场"。

8. 熙南里笪桥灯市

笪桥灯市，点亮夜金陵。南京城建历史文化街区开发有限责任公司在熙南里街区成功恢复了中秋笪桥灯市，这一创新举措围绕中华优秀传统文化的创造性转化和创新性发展，为南京的文旅消费市场注入了新的活力。通过瞄准年轻消费群体，打造新的消费场景，以及多元合作补足街区资源短板，笪桥灯市已成为南京传播传统文化、拉动文旅消费的新载体。这一成功案例对于其他城市的文化旅游发展具有借鉴意义，为南京乃至全国的文化旅游市场注入了新的动力。

9. 山东手造，打造文旅融合新标杆

通过品牌体系、资源体系、项目体系建设，打造优选产品；成立运营公司，培育"山东手造"新产品、新模式、新业态，服务打造全省"山东手造"千亿级产业集群；搭建产业平台，全省建设市级综合性山东手造体验中心；创新展销场景，推进"山东手造"进高速服务区、进景区、进商超、进酒店、进书店、进学校、进非遗工坊；依托集团旗下景区，深化文旅融合，形成传统文化与旅游空间的良性互动。

10. 安阳洹河夜游

远景观风景、中景看表演、近景玩互动。安阳洹河夜游项目以殷墟甲骨文为创意内核，依托安阳殷墟、甲骨文等历史文化资源，运用现代光影技术，全面展现辉煌灿烂的殷商文明。通过灯光秀、游船夜巡、主题演艺、无人机表演等，实景演绎"玄鸟生商""精忠报国"等传统文化，让游客在沉浸式体验中感悟安阳古老而时尚的独特魅力。

11. 华开天下·华天酒店集团新型国有企业文化

"三新"驱"三力"。以自身企业文化、服务文化、职工文化与湖南红色文化、湖湘文化、都市文化、绿色文化相结合。探索文化融合新路子，增进经营驱动力；尝试传播媒介新形式，增强品牌影响力；开展读书培训新项目，凝聚文化传播力。

12. 三峡之光 诗画长江

传统文化，前沿科技，演绎未来。"两江四岸"建筑集群创意光影和夜游演绎两大板块，改造汉、唐、宋不同风格的游船 3 艘，通过"山、峡、水、城"

四大要素，依托城市点、线、面三个维度，运用光色、明暗、层次、动静四大系统，互动演绎，古今穿越。

13. 卡莎莎乡村度假区

来自乡村，反哺乡村、回报乡村。挖掘传统文化，提供差异化体验。以业态和服务为纽带，传播彝族文化，让"卡莎莎"这句"你好"的彝族语言常挂于客人与管家之间。因地制宜，助推经济。延伸高山茶叶产业链，发展杏、桃等经济型作物深加工，提升本土黄酒品牌知名度，实现农旅融合。

14. 长安十二时辰主题街区

霓裳翩翩，钟鼓铿锵。"长安十二时辰"项目作为中国首个沉浸式唐风市井生活街区，以 2.4 万平方米的立体商业空间为载体，涵盖长安小吃、主题文创、特色演艺、沉浸游戏、文化包间、场景体验等多元"原唐"业态。项目将影视剧 IP 全场景还原，打造出原汁原味的全唐市井生活体验空间。这个项目的成功实施，是对中国传统文化和历史的深度挖掘与传承，更是对影视剧 IP 转化的文旅项目的行业样板。

15. 汉服回潮 20 周年

基于汉服回潮 20 年，全面展现汉服为代表的文化自信、文化回潮现象。以西安为主要报道地点，围绕汉服服饰非遗传承、汉服研究者、汉服美学设计、汉服主要目的地游玩 / 旅拍等专家采访、旅行体验内容，结合明星汉服国风西安目的地视觉大片及主题视频，为用户带来日常化汉服文化科普及沉浸感受。

案例代表感言

1. 张文锐 东来顺集团党委副书记

我谨代表东来顺集团感谢中国旅游研究院授予东来顺非遗主题话剧《西去东来》"2023 年中国旅游创业创新文化创造示范案例"。欢迎在座各位一起在话剧全国巡演时走进剧院、了解东来顺！"大戏看北京"，大戏看《西去东来》

2. 王晓珊 中国全聚德集团餐饮运营中心总经理

各位领导、各位嘉宾，大家上午好！非常感谢专家们给予"中轴食礼"项目的褒奖，荣誉是动力，更是责任，我们将坚持不懈、守文化之正、创发展之新，让老字号为中国美食代言，成为传播华夏文化的骄傲。

3. 寇海宁 河北旅投西柏坡圣地城旅游开发有限公司党支部书记、董事长

感谢组委会的厚爱，我是河北旅投西柏坡圣地城旅游开发有限公司党支部书记、董事长寇海宁，我们的红色胜典景区有幸能入选文化创造示范案例，我心情十分激动。真诚邀请各位领导、企业家朋友到革命圣地西柏坡考察合作，同河北旅投一同共谋发展。

4. 罗朝刚 中青旅联科（北京）数字营销有限公司文旅事业部高级客户经理

大家好，我们是中青旅联科。非常荣幸能入选示范案例。联科一直以国内一流旅游综合服务商为准绳，期望未来能携手更多目的地，打造更多精品文旅项目，为推进文旅深度融合发展贡献中青旅力量。

5. 杨婷 Club Med 地中海俱乐部亚太区公共事务高级总监

在这个闪耀着众多卓越之光的舞台上，我们非常荣幸入选文化创造示范案例，这是对我们新推出产品线 Club Med 白日方舟的认可，也是对我们对旅游产品不断探索的极大肯定。在即将到来的 2024 年我们也会再接再厉，持续为旅游高质量发展做贡献，也欢迎大家到我们亚特兰蒂斯和 Club Med 地中海俱乐部度假村体验"度假式生活，生活式度假"。

6. 王海军 亚朵集团创始人兼 CEO

感谢中国旅游研究院提供这样难得的交流机会。非常荣幸能够获得这一殊荣，这是对亚朵"中国体验"理念和创新服务的充分肯定，对我们是非常大的鼓舞和激励。我们将继续探索创新之路，让更多客人感受到"中国体验"。也期待与行业内外的合作伙伴共同探讨、积极实践，共同推动行业进步，谢谢！

7. 王露 蜻蜓观光巴士有限公司总经理

大家好！感谢主办方对春秋观光巴士新产品开心巴士的认可。我们致力文旅融合，创新发展，让游客获得更有特色的观光体验，欢迎大家到上海乘坐都市观光品牌下的观光巴士。再次感谢！

8. 蔡明 南京城建历史文化街区开发有限责任公司董事长

大家好，感谢大家对熙南里笪桥灯市的认可和鼓励。围绕中华优秀传统文化创造性转化、创新性发展，未来我们将继续擦亮熙南里笪桥灯市的金字招牌，营造更富吸引力的新消费场景，在文化自信中汲取发展力量。

9. 朱爱军 山东文旅景区投资集团党委书记、董事长

山东手造作为集团"四篇文章"之一，这次我们的山东手造项目能入选文化创造示范案例，这既是大家对山东文旅的信任和肯定，也是对我们的鞭策和鼓励。衷心希望在座的各位领导和同仁能够继续关心关注山东文旅以及山东手造工作，诚挚邀请各位嘉宾、各位朋友到山东旅游，好客山东欢迎您的到来。谢谢大家！

10. 高红亮 安阳市文化旅游发展集团有限责任公司董事长

尊敬的各位领导、评委、同行们：我感到无比荣幸和激动，站在这里分享我们洹河夜游景区获得这份殊荣的喜悦。感谢主办方的肯定和认可。我们将继续秉持着"弘扬安阳历史文化为己任"的理念，不断创新和完善服务，为游客提供更加美好的旅游体验。同时，也向大家发出邀请，欢迎大家来到世界文化遗产殷墟、世界记忆遗产甲骨文所在地古都安阳观光指导。谢谢各位！

11. 邱君 华天酒店集团党委委员、副总裁

尊敬的各位领导、各位嘉宾，今天，华天酒店集团能在上海领取这份殊荣，真诚感谢！作为以满足人民日益增长美好生活需要为出发点和落脚点的高星级酒店，我们一直在努力。我们将擦亮全国总工会"全国职工书屋示范点"金字招牌，在"华开天下·华天酒店集团新型国有企业文化"项目建设中，坚守初心，用心用力用情服务；在实现 2035 美丽中国的时代进程道路上，持续贡献华天力量！谢谢！

12. 李雪峰 重庆市巫山旅游发展集团有限公司党委书记、董事长

很荣幸"三峡之光"能够入选示范案例，这是对我们的充分肯定，更是厚爱和鼓励。我们将充分发挥示范引领作用，推动巫山文旅产业高质量发展。借此机会，欢迎大家到巫山考察指导，谢谢大家。

13. 李兴华 重庆圣东旅居装配式建筑技术有限公司董事长

感谢中国旅游研究院对我们圣东的认可。非常高兴我们的项目卡莎莎乡村度假区、早春三花度假区、酒神湾乡村度假区获得这么多人的喜欢。

14. 肖娥 西安唐时良辰文化旅游发展有限公司总经理助理

首先感谢组委会对长安十二时辰主题街区的认可。长安十二时辰根植于陕西厚重的历史文化及传承千年的唐文化，做成独一无二的唐文化沉浸式体验地。未来，我们将继续推进传统文化的创造性转化和创新性发展，让更多游客在沉浸式体验中感受传统文化，增强文化自信。最后，诚挚邀请大家来长安十二时辰，做一回唐"潮"人。

15. 李方方 时尚生活事业部总经理

旅行最大的意义，是旅行者探索陌生世界的新鲜感受和发现新的自己。目的地运营最大的挑战，是如何因地制宜讲出新的故事，带给不同的旅行者新鲜的感受和体验。2023 年是汉服回潮 20 年，《时尚旅游》结合西安汉服旅拍已有的热度，利用本身自带巨大流量的汉服造型天花板艺人罗云熙，结合锦瑟衣妆、十三余等多个汉服品牌，邀请毛戈平做了限定唐朝汉服妆面，在西安瓮城城墙、关中大院等一系列场景下进行汉服拍摄，整体宣传上线后，不仅给西安旅游带来了优质关注度和流量，也为西安汉服旅拍重新梳理了汉服产业链的头部资源。

成果发布

《2023 旅游集团投资合作调查报告》暨旅游集团优选投资城市 TOP10 成果发布

经文化和旅游部批准，由中国旅游研究院和中国旅游协会联合主办的"2023 中国旅游集团化发展论坛"，于 2023 年 12 月 11—12 日在上海召开，并在线上会议室同步会议实况。11 日上午，中国旅游研究院发布了《2023 旅游集团投资合作调查报告》暨旅游集团优选投资城市 TOP10，杭州、南京、厦门、上海、大连、呼和浩特、重庆、福州、天津、宁波成功入选。中国旅游研究院戴斌院长为入选城市颁发了荣誉证书。

天津市文化和旅游局党组成员、一级巡视员左坚，南京市文化和旅游局党委委员、副局长黄琴，大连市文化和旅游局党组成员、副局长刘磊，宁波市文化广电旅游局党组成员、副局长陈海波，厦门市文化和旅游局党组成员、副局长钟海林，上海市文化和旅游局重大活动办主任李平，重庆市文化和旅游发展委员会二级调研员卢天胜，福州市文化和旅游局三级调研员周韦景，杭州市文化和旅游推广中心主任杨保福，呼和浩特市文化旅游广电局产业科负责人常岚，作为入选城市代表参加了本次成果发布。研究院数据分析所韩晋芳博士代表课题组进行了报告发布，发布活动由数据分析所所长何琼峰主持。

跟着游客去投资
——中国旅游产业投资调查报告 2023

近年来，文化和旅游系统坚决贯彻落实党中央、国务院决策部署，在推动项目建设、助力企业融资、扩大产业投资等方面打出"组合拳"，持续优化产业投融资服务和环境，全力提振行业投资信心，为文化产业和旅游业高质量发展提供了坚实保障。为进一步推动旅游投资项目从高速度增长向高质量发展转变，把握当前旅游招商和企业投资的热点、匹配度，2023 年 10—11 月，中国旅游研究院专项课题组依托中国旅游大数据调研平台，面向旅游企业、地方政府、普通游客分别开展旅游投资、旅游招商、旅游热度专题调研。通过全面分析有效问卷 4569 份，发现，2023 年以来，政府旅游招商和企业投资洽谈活动明显增加、更趋多元，旅游企业投资既看游客、又看营商环境，旅游集团二十强已成为地方旅游招商的头雁，报告发布了"旅游集团优选投资城市 TOP10""旅游城市优选合作企业 TOP 10"。具体内容如下。

一、旅游企业投资既看游客，又看营商环境

1. 旅游企业优选投资城市

调查数据显示，游客对上海、北京、重庆、哈尔滨、成都、杭州、南京、长沙、厦门、拉萨、海口、太原、呼和浩特、石家庄、沈阳、昆明、广州、福州、贵阳、大连等城市的出游意愿较高。从旅游企业调查结果看，旅游企业优选的投资城市与游客愿意去的城市有 70% 的重合，其中，旅游企业优选投资城市 TOP10 包括：杭州、南京、厦门、上海、大连、呼和浩特、重庆、福州、天津、宁波，平均投资意愿在 15%~20%。

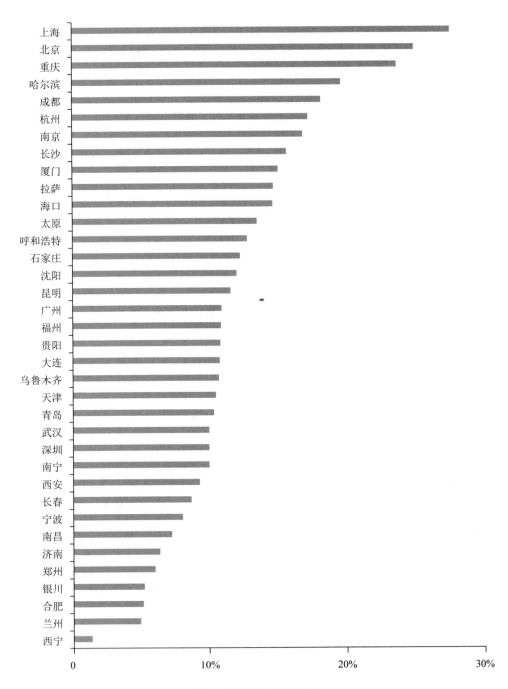

图 1　游客最想去的城市

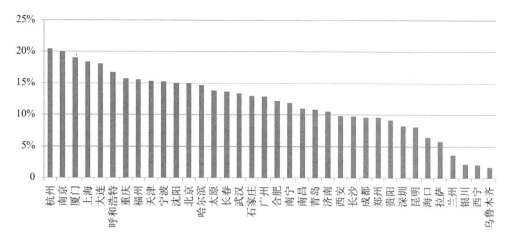

图2 旅游企业最想投资的城市

2. 重点投资的项目

调查显示，有51.3%的受访企业相对乐观、储备了一批或若干项目，27.8%的企业看好市场、投资了一批或若干项目，19.2%的受访企业保持观望、未有新增投资和储备，仅有1.7%的企业相对谨慎，减少投资。受访企业旅游投资侧重中，65%选择目的地旅游产业配套项目，52%选择整体性片区综合投资，21%选择新产品新内容植入。具体投资项目中，前八名依次是旅游综合体（35%）、旅游休闲街区（31%）、文旅融合项目（文创、艺术和旅游融合、美术馆、图书馆等）（30%）、主题公园（28%）、酒店住宿项目（23%）、数字文旅项目（17%）、乡村旅游项目（整村推进或乡村民宿等）（16%）、景区度假区（15%）。此外，夜间文旅项目（15%）、红色旅游项目（15%）、自驾车旅居车旅游项目（14%）、研学旅游项目（12%）、康养旅游项目（11%）、节事活动（7%）、体育旅游（5%）也比较强。

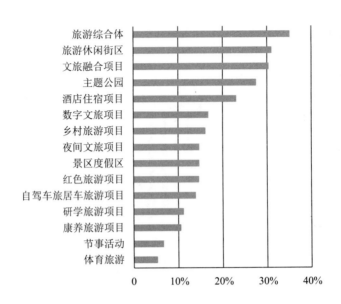

图 3　旅游企业希望投资的旅游项目

3. 旅游企业投资存在的主要困难

调查显示，64% 的受访企业认为投资的主要困难在于行政审批复杂，营商环境差，土地、资金等政策配套不够。48% 的受访企业认为不了解旅游投资政策导向，投资风险和不确定性增大。30% 的受访企业认为宏观经济、旅游市场和投资形势把握不准，信心不足。21% 的受访企业认为产业支撑和落地配套相对有限，投资收益不明朗。13% 的受访企业认为投资能力下降，资金紧张，融资困难。

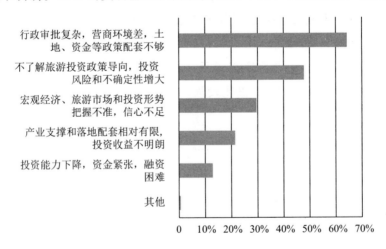

图 4　旅游企业投资存在的主要困难

二、旅游集团二十强已成为地方旅游招商的头雁

1. 旅游城市优选合作旅游集团

根据调查结果，2018—2022 年期间中国旅游集团 20 强企业中，各地旅游招商重点希望引进的旅游集团分别包括以下旅游企业：央企、华北、东北地区的中国旅游集团、中青旅控股、首旅集团、山西省文化旅游投资控股集团、河北旅游投资集团；华东地区的上海春秋国际旅行社（集团）、上海景域驴妈妈集团、复星旅游文化集团、同程网络科技、浙江省旅游投资集团、杭州商旅（运河集团）、南京旅游集团、锦江国际（集团）、华住集团、携程集团。华中、华南、西南、西北地区的四川省旅游投资集团、明宇实业集团、陕西旅游集团、广州岭南商旅集团、融创文化旅游发展集团。综合各地最想吸引的首位旅游企业调查结果，旅游城市优选合作企业 TOP10 包括中国旅游集团、首旅集团、中青旅控股、上海春秋国际旅行社（集团）、复星旅游文化集团、锦江国际（集团）、上海景域驴妈妈集团、携程集团、四川省旅游投资集团、广州岭南商旅集团。

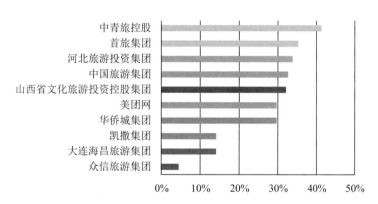

图 5　各地希望引进的旅游集团（央企、华北、东北地区）

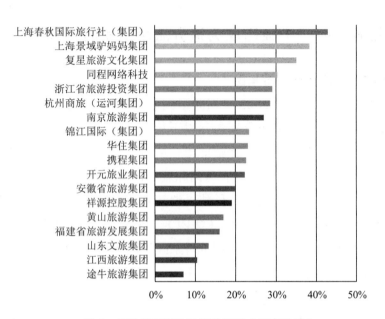

图6　各地希望引进的旅游集团（华东地区）

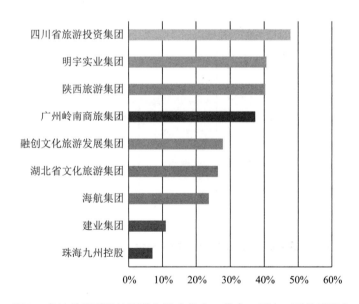

图7　各地希望引进的旅游集团（华中、华南、西南、西北地区）

2. 重点引进的项目

调查反映，各地旅游招商最希望引进的是目的地旅游产业配套（68%）、整体性片区综合投资（53%）、新产品新内容植入（26%）。从旅游项目来看，各地方政府招商侧重的项目排名中，前八名依次是旅游休闲街区项目（32%）、酒店住宿项目（27%）、旅游综合体（27%）、乡村旅游项目（整村推进或乡村民宿等）（24%）、夜间文旅项目（22%）、数字文旅项目（21%）、主题公园（20%）、文旅融合项目（文创、艺术和旅游融合、美术馆、图书馆等）（20%）和自驾车旅居车旅游项目（营地等）（20%）的招商引资意愿也比较强，此外，红色旅游项目（19%）、研学旅游项目（18%）、景区度假区（16%）、康养旅游项目（12%）等项目的招商意愿也较高。

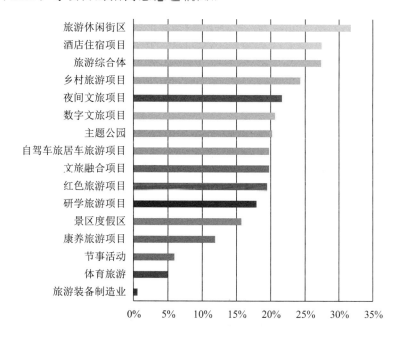

图 8　各地希望引进的旅游项目

3. 旅游招商存在的主要困难

调查反映，各地旅游招商存在的最大问题反映在，对旅游市场缺少把握、无法对投资项目做出合理判断和选择（51%），旅游项目关联产业和支撑体系不健全（46%），招商的基础配套和优惠政策不够（45%），关于对城市营商环境吸引力不足（33%），招商人员专业性不足、难以匹配投资方的关键需求（22%），城市宣传和吸引力不足（20%），招商对象不熟、招商手段和渠道有限（7%）也反映较多。

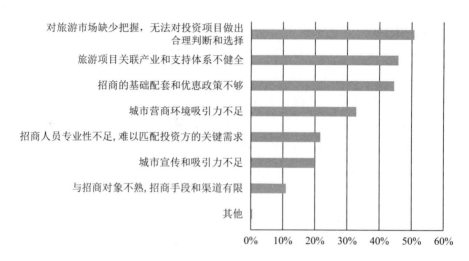

图 9　各地旅游招商存在的主要困难

三、分析与研判

1. 市场热度和城市品质共同构成了旅游投资的底层逻辑

主要客源地、成熟目的地、重点城市是旅游企业投资选择的重要区域，部分以旅游为主导产业的地方在投资吸引方面仍显乏力。大连、宁波、合肥、长春、天津、福州、济南、呼和浩特对旅游企业投资吸引力明显高于旅游热度，拉萨、海口、哈尔滨、昆明等地的投资热度要低于旅游热度。

2. "大而精""小而美"共同构成了旅游投资新风向

旅游企业有关目的地旅游产业配套、存量盘活方面的投资倾向已经超过了整体性片区综合投资，酒店住宿、乡村旅游、夜间旅游、数字文旅、研学旅游、红色旅游、自驾车旅居车等项目的投资意愿较强，特别是新产品新内容的植入成为投资新方向。

3. 高水平现代化营商环境是吸引旅游企业投资的关键

各地旅游招商和企业投资反映出来的问题不尽相同，旅游企业投资最关心行政审批、营商环境、土地和资金等政策配套，需要重点关注招商企业经营权益、兑现承诺的补贴和扶持政策等影响营商环境的关键因素。

"旅游集团优选投资城市 Top 10"

1. 杭州

江南忆,最忆是杭州。良渚古城遗址、京杭大运河、杭州西湖,三大世界文化遗产交相辉映,是杭州的灵魂所在和历史见证,开放、包容是杭州这座城市的核心价值。站在"后亚运"的新起点,迈入超大城市的新阶段,杭州正奋力书写人文经济学的新传奇,国际"赛""会"之城建设不断推进,"三江两岸"发展优势日益突出,旅游产业高质量发展持续"升温"。市场机遇更大、规则对接更好、创新动能更足、包容共享更强的开放……正以"杭州之窗"多维度立体化展示中国式现代化的生动图景。

2. 南京

南京"文脉悠长、底蕴深厚"拥有近2500年的建城史和近450年的建都史,是六朝古都、十朝都会,被联合国教科文组织评为"世界文学之都"。南京"科教发达、人才荟萃"是国家重要的科研和教育基地。南京,产业基础坚实、科教资源丰富、营商环境优良、市场规模巨大。走进南京、投资南京、深耕南京,成为"城市合伙人",在双向奔赴、互利共赢中携手共创更加美好的明天!

3. 厦门

厦门,天风海涛,四季花开,山海交融,不仅是美丽的海港风景城市,也是海峡西岸经济最活跃的区域之一。近年来,厦门聚焦打造文化中心、艺术之城、音乐之岛和建设世界一流旅游休闲城市的目标,坚持大产业、大招商、招大商,始终围绕旅游核心吸引物、旅游新业态、文旅融合、乡村旅游、高端住宿业、智慧旅游等重点领域,大力引进优质增量,吸引了许多大型文旅企业总部和大型文旅项目落户厦门。2021年以来,全市文化旅游新增落地项目636个,实现投资总额452亿元。

4. 上海

上海是中国共产党的诞生地、初心始发地,是展示中华文化的重要窗口。近年来,上海突出都市型、综合性、国际化特色,厚植红色文化、海派文化、江南文化、时尚文化,坚持文旅深度融合,聚力建设亚太旅游投资门户,创新形成以编制文旅规划"一张蓝图"为先导、以完善投资服务"一套机制"为依托、以用活文金融合"一组工具"为驱动,以打造文旅营商"一流环境"为保障的促进文旅投资"四个一"体系,已启动实施两轮"双千亿"重大旅游投资项目，奋力开创社会主义国际文化大都市和世界著名旅游城市建设新局面。

5. 大连

大连曾获得"全球环境 500 佳""国际花园城市"和"中国人居环境奖"等。三个首批"中国最佳旅游城市"之一，中国休闲旅游示范城市，中国邮轮旅游发展实验区，被誉为"北方明珠"。大连文旅资源丰富，包含山地、海洋、历史、军事、工业、非遗等诸多方面，文旅产业规模居于东北首位，占比 30%。出台文化、旅游产业发展专项资金等多项市级政策支持文旅产业发展，全市谋划储备文旅项目 300 余个，投资超 2000 亿元，出台多个重点片区规划，支持滨海度假、时尚潮玩、文物利用、城市更新、乡村振兴、科技文旅等多方面投资方向。

6. 呼和浩特

呼和浩特市将招大引强、招强引优作为招商引资的主攻方向，聚焦数字文旅、沉浸式体验、文旅演艺、节庆活动、跨界融合等重点领域，精准谋划招商项目，锁定重点招商市场和目标企业。在招商引资工作中，呼和浩特市根据自身的发展特点，逐步探索出产业链招商、会展招商、以商招商等多种招商模式。同时，严格落实招商引资项目调度机制，建立招商引资项目库，及时掌握重点项目动态，协调解决项目难题，加快推动优质招商项目落地实施，带动文旅产业高质量发展。

7. 重庆

围绕成渝地区双城经济圈发展战略和巴蜀文化旅游走廊发展战略，充分发挥巴渝人文、山城魅力、直辖市地位和成渝地区人才富集、产业崛起、产投活跃等诸多优势，重点在大山城都市文旅、大三峡长江文旅、大武陵康养生态文旅和新兴数字文旅四大重点领域发力，持续引进新内容生产、新终端智造、新场景营建等创新企业，不断为打造世界级旅游目的地和巴蜀数字文化产业活力走廊，扩圈强链、蓄势储能。同时，始终立足重庆文旅相关产业基础和当前发展阶段，坚持走差异化发展战略，高度重视与四川文旅产业的协同合作，不断优化重庆文旅产业的空间结构、动力结构和市场主体结构，为建设国家西部文旅增长极奠定了坚实基础。

8. 福州

近年来，福州市坚持"有福之州"形象定位，聚焦打造海滨城市、山水城市，加快建设文化强市和全域生态旅游市，加快实施《推进福州文旅经济高质量发展行动方案》等一系列促进文化产业和旅游产业高质量发展的政策文件，推动文旅招商项目落地 155 个，计划总投资 421.22 亿元，陆续建成 55 个重点文旅项目，累计完成投资 715 亿元。2023 年 5 月，福州市被国务院办公厅列为"文化产业和旅游产业发展势头良好、文化和旅游企业服务体系建设完善、消费质量水平高的地方"激励名单。

9. 天津

天津市聚焦国际消费中心城市建设、深入贯彻京津冀协同发展战略，从宣传推介、精准对接、跟进服务等多个角度推动招商引资工作，立足存量促增量、紧跟趋势促发展，全力争取以北京为首的、覆盖全国的优质文旅项目来津布局。2023 年 1—10 月，天津市文化和旅游局推动落地的京冀项目总投资额超过 25.3 亿元，其中央企项目超过 15 亿元。充分借助第十三届中国旅游产业博览会的平台，吸引 2000 余家企业来津参展采购，签约总交易额达 285.7 亿元。与北交所、上交所、深交所签订战略合作协议，推动 300 余个文旅项目进入投融资平台展示，并持续对接金融平台，为全市文旅企业畅通融资贷款的渠道。

10. 宁波

宁波，港通天下的开放门户、产业发达的经济强市、城乡共荣的现代都市、文脉悠久的书香名城，近年来，紧扣"北绘、东绣、南擎、西拓、中优"的文旅发展新格局，优化顶层设计，积极出台产业招引配套政策，加强服务平台打造，探索"招商雇员"模式强化招商队伍建设，以专题性投融资活动推动"点对点"精准招商，奋力营造活力充沛、服务升级、发展持续的旅游投资一流环境，吸引更多文旅优质企业到宁波谋发展、塑品牌、兴宏业。

《2023 旅游城市招商引资调查报告》暨旅游城市优选合作企业 TOP10 成果发布

经文化和旅游部批准，由中国旅游研究院和中国旅游协会联合主办的"2023 中国旅游集团化发展论坛"，于 2023 年 12 月 11—12 日在上海召开，并同时在线上会议室同步会议实况。11 日上午，中国旅游研究院发布《旅游城市招商引资调查报告》暨"旅游城市优选合作企业 TOP 10"，中国旅游集团、首旅集团、中青旅控股、上海春秋国际旅行社（集团）、复星旅游文化集团、锦江国际（集团）、上海景域驴妈妈集团、携程集团、四川省旅游投资集团、广州岭南商旅集团成功入选。中国旅游研究院戴斌院长为入选企业颁发了荣誉证书。

岭南控股总裁、广之旅党委书记陈白羽，携程集团副总裁张旭，景域驴妈妈集团副总裁王伟，中青旅控股首席品牌官徐晓磊，首旅集团战略投资部副部长徐润臣，中国旅游集团中旅国际数字科创部总经理周源邵，上海锦江旅游文旅发展事业部常务副总经理陈寒，春秋集团财务总监唐芳，四川省旅游投资集团战略投资部部长刘宇钦，复星旅游文化集团董事办副主任杨婷，作为入选企业代表参加了本次成果发布。研究院数据分析所金萌萌博士后代表课题组进行了报告发布，发布活动由数据分析所所长何琼峰主持。

1. 中国旅游集团

中国旅游集团有限公司以"服务大众，创造快乐"为宗旨，切实履行央企政治责任、经济责任和社会责任，发挥旅游行业排头兵作用，努力成为拥有卓越产品创新能力与资源禀赋，具备全球竞争力的世界一流旅游产业集团。

2. 北京首都旅游集团有限责任公司

首旅集团是北京市属国有企业，是一家以旅游商贸服务业及相关产业为核心的战略性投资集团，也是北京市首家国有资本投资公司试点企业，承担着首都旅游商贸服务业产业集聚和转型升级的重要使命。

3. 中青旅控股股份有限公司

作为中国领先的旅游运营商和上市公司,中青旅深耕文旅事业逾40年,投资运营了中国文旅产业的标杆项目——乌镇和古北水镇,并培育"中青博联""遨游""中青旅山水""耀悦"等业务品牌,在"旅游目的地投资管理运营和旅游综合服务"等领域具有较强的优势。

4. 上海春秋国际旅行社(集团)有限公司

党的二十大报告指出,"要坚持以文塑旅、以旅彰文、推动文化和旅游深度融合发展",这为新时代文旅产业高质量发展指明了方向。春秋集团积极落实《"十四五"旅游业发展规划》,利用"航旅结合"的优势,在项目打造、业态升级、数智赋能等方面进行深挖,不断把资源优势转化为产业优势,为春秋快速发展注入强劲动能。

5. 复星旅游文化集团

复星旅游文化集团是全球领先的综合性旅游休闲度假集团之一。作为复星"快乐"业务板块的核心组成,复星旅文以"度假让生活更美好"为使命,致力于引领度假生活,智造全球领先的家庭休闲度假生态系统。

6. 锦江国际(集团)有限公司

锦江国际集团是上海市国资委控股的中国规模最大的综合性酒店旅游企业集团之一,注册资本20亿元。"锦江"是具有80多年历史的中国民族品牌,中国驰名商标、上海市著名商标,获中国商标金奖。

7. 景域驴妈妈集团

景域驴妈妈集团,是一家科技驱动的全产业链集团,深耕文旅行业20年,连续11年位居中国旅游集团20强,是"上海贸易型企业总部基地""上海市民营企业总部"企业。坚持市场运营导向,服务全国各地政府、国企、头部民企等客户案例近5000个。

8. 携程集团

携程集团是全球领先的一站式旅行平台,公司旗下的平台,包括携程旅行、去哪儿、天巡等,可面向全球用户提供一套完整的旅行产品、服务及差异化的旅行内容。

9. 四川省旅游投资集团有限责任公司

作为四川省深化国资国企改革的重大探索,四川旅投集团定位为国有资本投资公司,重点发挥文旅产业转型发展平台、文旅资源战略整合平台、国有资

本文旅投资平台"三大平台"作用，致力于打造全国一流、世界知名的现代文旅服务业投资商和运营商。

10. 广州岭南商旅投资集团有限公司

岭南集团始终与同频共振，已连国家战略、行业发展续 14 年进入中国旅游集团 20 强。岭南集团主张长期的价值经营，有坚韧的战略坚守。已形成了资产结构优质、区域布局成型、客群规模领先、品牌模式成熟的竞争优势。业务涵盖零售旅游、酒店、食品、物流、景区、会展、展贸等领域，"吃住行游购娱"一体化产业优势突出。